Carta aberta
aos gurus da economia
que nos julgam imbecis

Bernard Maris

Carta aberta aos gurus da economia que nos julgam imbecis

Tradução
MARIA HELENA KÜHNER

Copyright © 1999, Éditions Albin Michel

Capa: Raul Fernandes

Editoração: Art Line

2000
Impresso no Brasil
Printed in Brazil

CIP-BRASIL. CATALOGAÇÃO-NA-FONTE
SINDICATO NACIONAL DOS EDITORES DE LIVROS. RJ

M295c Maris, Bernard
   Carta aberta aos gurus da economia que nos julgam imbecis/ Bernard Maris; tradução Maria Helena Kühner. – Rio de Janeiro: Bertrand Brasil, 2000
   176 p.

   Tradução de: Lettre ouverte aux gourous de l'économie qui nous prennent pour des imbéciles
   ISBN 85-286-0771-2

   1. Economia. I. Título.

00-0660
CDD - 330
CDU - 33

Todos os direitos reservados pela:
BCD UNIÃO DE EDITORAS S.A.
Av. Rio Branco, 99 — 20°. andar — Centro
20.040-004 — Rio de Janeiro – RJ
Tel.: (0xx21) 263-2082 Fax: (0xx21) 263-6112

Não é permitida a reprodução total ou parcial desta obra, por quaisquer meios, sem a prévia autorização por escrito da Editora.

Atendemos pelo Reembolso Postal.

"A teoria econômica é vazia. E a realidade econômica tem ainda mais horror da teoria do que a natureza tem horror do vazio."

(O. B.)

Índice

PRÓLOGO 9
1. Dois gênios e um mecânico 19
2. Irão cuspir sobre suas tumbas? 29
3. *De profundis* 37
4. O prazer sem limites! 41
5. Tragédia 49
6. Quando os papas abjuram... 57
7. A dança macabra 63
8. Obrigado, Merton e Scholes 75
9. O Fundo Monetário Internacional e seu
   palhaço-mor 85
10. Camdessus tem humores 93
11. O vampiro diante do espelho 103
12. Os rapazes do segundo time 113
13. *Experts* 121
14. Pensadores 131
15. Economistas e jornalistas 137
16. Economistas e políticos 149
17. E Deus em tudo isso? 157
18. Que fizeram vocês da casa? 165
EPÍLOGO: Para que servem os economistas? 171

Prólogo

Aos senhores que falam a respeito de economia ou, melhor, que vendem seu peixe miúdo embrulhando-o em economia — afinal, talvez uma coisa valha tanto quanto a outra em termos de um cálculo que pode ser até um cálculo econômico —, este texto não será realmente uma carta de felicitações. E os senhores, que são economistas, não vamos também felicitá-los por terem ido zurrar com os asnos ou por tê-los deixado zurrar.

Não vamos felicitá-los, nem uns, nem outros, por sua conversão, a nosso ver, iminente. Vocês adoravam o mercado? Pois irão incendiá-lo. Vocês detestavam o Estado? Pois vão exigi-lo. Vocês detestavam o controle de capitais? Pois vão pedir um novo Bretton Woods. Vocês só punham a mão no fogo pelos "países emergentes"? Eis que essas maravilhas de crescimento, sugadoras de capitais, mostram não ser mais de que dragões de papel e bolas de encher de famílias mafiosas! Vocês incensaram a venda em leilão e o esquartejamento dos falecidos países do Leste? Agora vão esbravejar por falta de pulso lá! Vocês afirmavam que "excesso de impostos mata o imposto"? E eis que agora censuram a Rússia por não ter recolhido impostos suficientes! Vocês alardeavam a flexibilização e a redução do custo do traba-

CARTA ABERTA
AOS GURUS DA ECONOMIA QUE NOS JULGAM IMBECIS

lho? Porém, os mais limitados e os mais sectários de vocês (os *experts* da OCDE*, para não ter que nomeá-los) declaram que o custo do trabalho não é responsável pelo desemprego! E ainda há entre eles os que estão reclamando da inflação![1]

A falta de escrúpulos provoca as vertigens da falta.

Renegar o que antes se afirmou é coisa das mais humanas desde que os galos aprenderam a cantar, não há dúvida. Mas, no caso de vocês, esse virar-casaca, explicando tudo e o seu contrário pelas mesmas causas, já faz parte de sua identidade. Ou é característico de sua profissão, se assim preferem.

Mesmo assim, é inacreditável... Por que vocês podem, sem riscos e sem conseqüências, desdizer-se a esse ponto? Por que usam a economia para vender seu peixe? E por que lhes é permitido utilizar a economia como pregão de venda, tal como o sorriso idiota ou o busto à mostra da vendedora de laticínios?

A propósito, quem são vocês? Com que direito falam a respeito de economia, isto é, dos "negócios da casa"**? Quem fez de vocês os reis deste fim de século, proferindo sermões, afirmando, transformando malevolamente "teoremas" grotescos em leis fatídicas, como a *lei da oferta e da procura*? (O teorema de Schmidt! "Os lucros de hoje são os empregos de amanhã!" E há 20 anos os lucros aumentam, e o desemprego também!) Será que vocês são novos áugures, tendo nas mãos as mesmas entranhas esverdeadas, examinando o que denominam "estatísticas",

---
* OCDE — Organização para a Cooperação e o Desenvolvimento Econômico. (N.T.)
[1] Um certo professor Blanchard, do MIT, no *Libération*, 23/11/1998.
** *Eco-nomos* = Gestão da casa. (N.T.)

PRÓLOGO

padres ou virgens de uma nova religião, cujo Espírito Santo se chama o Mercado, como o murmuram em confissão alguns de vocês?² Ou empregados da comunicação? Ou publicitários, malpagos, dos poderosos do mundo? Ou médicos de Molière, simples escroques? Ou sofistas — sem ter sequer a capacidade de iludir do Górgias* e a dignidade de um Hípias? Ou, quem sabe, jesuítas aplicados — mas não, porque vocês gostam do trabalho descuidoso, do argumento alinhavado às pressas e sempre o mesmo, "a *lei da oferta e da procura* e a confiança", para explicar quer a alta da Bolsa, quer a baixa do desemprego. E, além disso, os jesuítas tinham muito mais lábia: o padre Lavalette, flibusteiro de sotaina, os conselheiros do Império Celeste ou os missionários do Paraguai superam, com vantagem, todos os especialistas do FMI e do Banco Mundial reunidos (sem falar nos clones, já citados, da OCDE).

Ou será que vocês são asnos cobertos com pele de leão? Ou leões que brincam de Pele-de-Asno?

Gostaríamos de poder entender. Por que essa ciência econômica, partida de tão alto, da filosofia e da lógica, de Ricardo, de Marshall — no tempo em que ele a elaborava pacientemente como ciência autônoma em Cambridge, com o apoio do lógico Sidgwick, e implorava a Keynes, cujo gênio pressentia, que elaborasse uma tese de economia e não uma tese de mate-

---

2 "*L'économie dévoilée*" (A economia sem véus), *Autrement*, n° 159, novembro de 1995.

* *Górgias* — Tratado sobre a natureza e o valor da retórica, em que se afirma ser a retórica uma arte que dá a seu possuidor o dom de impor sua vontade à sociedade. (N.T.)

CARTA ABERTA
AOS GURUS DA ECONOMIA QUE NOS JULGAM IMBECIS

mática (e Keynes fez as duas coisas) —, por que essa ciência veio a cair ao nível de um burburinho de refeitório, com alguns peões gritando mais alto, como se a física de Foucault se tivesse rebaixado aos desvarios de uma *Madame* Irma* medindo o futuro com um pêndulo?

Gostaríamos de compreender por que vocês apavoram os outros com sua linguagem hermética — "complicada como um discurso de economista", já se dizia no tempo de Luís XV e dos fisiocratas... "Economia? Ah, eu não entendo nada de economia!" Mostrem-me um único cidadão que ouse dizer o contrário!

Será que vocês são realmente ingênuos? Ou são falsários sartrianos, conscientes de seu papel, de sua ignorância e do travestimento que fazem de sua ignorância? Se simples tolos, no caso de uns, ou guardiães da mentira, como aqueles que guardam os cofres dos bancos, então, confessem isso: ninguém jamais pensou em incriminar um policial por seu tipo de trabalho, e até um *capo* da máfia pode vir a ser perdoado pelos sobreviventes. Ou são os Pôncios Pilatos que embromam os outros pela TV?

Talvez acreditem de fato no que dizem, mas, francamente e por vocês mesmos, esperamos que não. Ou talvez a vida passe demasiado rápido para vocês também e vejam-se obrigados a cuspir suas análises, assim como outros animais espirram seu leite na ordenha ou sua seiva anêmica em seus editoriais cotidianos, por mania, por desvario técnico, por pertencimento às redes de comunicação, miseráveis trabalhadores atomizados da

---

* Irma Soleil ou *Madame* Soleil, a mais conhecida astróloga francesa. (N.T.)

PRÓLOGO

informação. Porque, afinal, vocês têm que viver. Ou sobreviver. Ou, quem sabe, por "divertimento", para se darem certo prestígio e presença junto aos que se mostravam fascinados com os jesuítas.

É a expressão *adestramento em série* que nos vem à mente ao vermos como suas análises se assemelham, ao vermos esse ronronar incansável com que vocês pedem aos homens submissão, flexibilidade, docilidade, sacrifício sob "a dura e justa lei dos mercados financeiros" — manchete expiatória de um diário vespertino... Os monges da Inquisição eram, pelo menos, mais sutis.

É claro que virara a casaca e vender seu peixe são coisas bastante humanas. Mas trair sua palavra de homem instruído, de acadêmico, de pesquisador, de especialista, de analista, já é algo bem mais chocante. É disso que vamos pedir-lhes contas para compreender por que o mercado dos *experts*, dos "politicamente corretos" e dos "gurus" está em alta.

Ah, e vocês, os verdadeiros economistas, por que não dizem tudo o que sabem?

Pois, se são economistas, vocês não podem tolerar o intolerável: a facúndia ignara do discurso *expert*. Do discurso que brota da boca do último dos Camdessus ao primeiro dos diretores economistas de um escritório de corretagem. O discurso que fala em branco na segunda-feira, em preto na quarta-feira e em verde na sexta, quando os sinalizadores passam por lá. E sempre em um azul radioso, cor do Mercado.

/ 13 /

CARTA ABERTA
AOS GURUS DA ECONOMIA QUE NOS JULGAM IMBECIS

Vocês, senhores *experts*, vão ter que nos explicar: quem são vocês para ter o direito de enganar-se e de nos enganar, de mentir, de falar em transparência, sabendo que o câmbio negro e a opacidade existem, de exigir confiança, de soltar gritos de alarme, de cantar louvores à desregulamentação num dia e à regulamentação no dia seguinte, saltando assim de um pólo ao outro, bem ao contrário?

Com que direito vocês podem dizer tantas besteiras por metro quadrado com total impunidade?

A verdadeira questão é a seguinte: por que vocês podem nos dizer o que bem querem?

Por que a Economia, Ciência, com seus faustos, seus Prêmios Nobéis e suas pompas, é a única que está autorizada a contar as coisas mais fantásticas e mais inverossímeis?

Os médicos não têm liberdade de enganar-se, nem os engenheiros ou mesmo os condutores de trens, pois arriscam-se à prisão. Então por que os economistas teriam todos os direitos, o direito de dar dinheiro à máfia e lamentar que isso seja feito, de fazer sangrias nos povos e aniquilar seus direitos, de sempre dizer coisas a torto e a direito, e sempre acrescentando que nada podem fazer? E ressurgir, mais e mais, para enganar com a má-fé de economista e mentir com a virtuosidade do *expert*?

E ainda debochar, como Attali, caricatura de *expert*, que diz ser o economista *"aquele que é sempre capaz de explicar no dia seguinte por que na véspera ele disse o contrário do que está acontecendo hoje"*? Quem pode ser definido assim, a não ser o palhaço?

Vamos pedir-lhes uma prestação de contas — é o mínimo que se pode exigir na ciência do útil e do quantificável.

PRÓLOGO

E, em primeiro lugar — a cada um segundo seu mérito —, a vocês, sábios, os Prêmios Nobéis, os grandes professores, os melhores economistas da França ou dos Pirineus! Vocês, que sabem que a teoria econômica reduziu a pó o liberalismo, mas que não ousam dizer isso, vocês que sabem que as palavras "eficácia", "equilíbrio" ou "optimização" não têm mais sentido e permitem que os integristas* ensinem seu latim como uma religião e que a Ku Klux Klan passeie pelas universidades.

Por que vocês ainda se mantêm calados? Por que deixam que digam o que dizem? É o naufrágio dos Prêmios Nobéis Merton e Scholes a bordo de seu Hegde Fund[3] que lhes dá medo? Pelo contrário! Deveria liberá-los! Ver Barre reduzido à imbecilidade e Merton e Scholes indo à falência é algo que dá alívio!

E vocês, profissionais das cifras, que ficam agitando suas matracas estatísticas, manipuladores de somas mirabolantes, malabaristas das taxas, ilusionistas de bilhões de dólares e do desemprego redefinido 25 vezes em 20 anos, como na Inglaterra (onde acabou decrescendo), previdentes que buscam o futuro com uma agulha no meio da noite e uma vela acesa em palheiro... Espoliadores da taxa de crescimento e áugures exibindo orgulhosamente seus cornos...

Vocês, "pesquisadores" de organismos lambe-botas que nunca se cansam de ficar engraxando, pobres Sísifos da equação reescalando incansavelmente o rochedo de seus erros... Vocês, conselheiros do Príncipe, *chief economists,* membros de Conse-

---

* Os que se manifestam a favor da integração no mercado de trabalho, a qualquer preço e em quaisquer condições, como forma de evitar o desemprego. (N.T.)
[3] Prêmio Nobel de Economia de 1997, juntamente com Black. Co-dirigentes do fundo especulativo LTMC — Long Term Management Capital —, que entrou em falência em princípios de outubro de 1998. Ver Capítulo 8.

CARTA ABERTA
AOS GURUS DA ECONOMIA QUE NOS JULGAM IMBECIS

lhos de Análise Econômica, os primeiros a apunhalar pelas costas tudo que possa causar confronto com os poderosos (cuspinha-se um pequeno relatório contra a taxa Tobin[4], e um outro é logo apressadamente armado, para justificar os fundos de pensão)... Espadachins do relatório feito de qualquer jeito, mas que mata... E, quando um relatório não satisfaz aos superiores, fecha-se o órgão de pesquisa (como o Cerc — Centro de Estudos dos Rendimentos e dos Custos) ou despede-se aquele que o fez (como no caso de Guaino)[5].
Vocês não se envergonham de ser os ventríloquos do poder? A voz do dono? Não se envergonham de deixar que a Economia (com E maiúsculo: pois já houve quem falasse bem da economia, Marx, Keynes e também Walras) seja agora usada por *clowns*? E ainda por cima tristes palhaços?

Quando tivermos chegado a uma conclusão no caso dos sábios e dos "pesquisadores", quando tivermos compreendido por que eles se calam, depois de descobrir, com espanto, a confissão de impotência da verdadeira ciência econômica, poderemos passar aos *experts*.
Sim, esses *experts* que desnaturaram a Economia, transformando-a em um fundo de comércio esotérico, protético e catalisador, marabus, ledores de mãos pelas calçadas, astrólogos do CAC 40*, adivinhos de bolhas econométricas e das curvas de

---

[4] O relatório Davanne, de novembro de 1998. A taxa Tobin visa taxar os capitais especulativos. Ver Capítulo 11.
[5] Delegado no Plano, a quem assim agradeceram por ter demonstrado que de 7 a 8 milhões de franceses estão vivendo em situação de precariedade.
* CAC 40 — Índices estabelecidos pela Companhia de Agentes de Câmbio com base nas cotações de 40 títulos da Bolsa de Paris. (N.T.)

PRÓLOGO

cifras diretamente saídas do estômago dos computadores, gurus, administradores, analistas, arquivistas... Sacerdotes de uma religião sem fé nem lei, a não ser a da selva — e que ignoram, obviamente, a significação da *lei da oferta e da procura*, jamais tendo lido Walras, quanto mais Debreu[6] —, pois não passam de filósofos de botequim, como George Soros, ou de salões de matéria plástica, como Guy Sorman.

O *expert* é a besta-fera deste livro. Juntamente com alguns outros: os que tagarelam sem cessar, ao vivo e no calor do momento, diretamente de seu posto na Bolsa, e que... façam-me o favor! Os arautos, os sargentos que recrutam para a guerra econômica, os emboscados que proclamam aos berros a flexibilização, os acumuladores de jetons de presença que querem suprimir o Smic*, os bem-abrigados que ficam dando lições, os ricaços que gritam contra os privilégios, os ideólogos do liberalismo, mais limitados do que os antigos cabeças-duras da ideologia marxista, os stalinistas do mercado.

Quando tivermos chegado a uma conclusão quanto aos arrependidos da teoria, aos apóstatas da Economia pura matemática, aos maiorais que se reconhecem no impasse total, e quando tivermos acabado de cozinhar em banho-maria esses Merton e Scholes (Prêmio Nobel de 1997, minha cara!), torna-

---

[6] L. Walras (1834-1910), pai da "lei da oferta e da procura", exposta em sua teoria do equilíbrio geral. G. Debreu (Prêmio Nobel de Economia de 1988), um dos primeiros a ter demonstrado a existência do equilíbrio geral.
* SMIC — Salaire Minimum Interprofessionel de Croissance (salário mínimo). (N.T.)

CARTA ABERTA
AOS GURUS DA ECONOMIA QUE NOS JULGAM IMBECIS

dos ridículos com sua especulação, apóstolos idiotizados, inflados pelo cadáver da teoria pura, poderemos desancar criticamente e sem peias esse Camdessus que receita remédios amargos, mas que se vangloria, sem malícia, de dirigir "os melhores economistas do mundo". Vamos cuidar bem de vocês, seus "melhores"... Vamos cuidar de seus compadres, os pseudo-arrependidos do Banco Mundial, falsamente envergonhados de terem jogado com o dinheiro a torto e a direito, de terem pavimentado a África de elefantes brancos e coberto de mármore as paredes da Berd. E de ouro os dentes das máfias. E, quando tivermos chegado a uma conclusão quanto aos Diafoirus do FMI e aos Patin do Banco Mundial, não haverá mais necessidade de erguer os olhos para os feiticeiros da OCDE, com seus clisteres e seus teoremas do destino da flexibilização aplicados... nos outros. Desmascarados os *experts*, trazidos à luz do dia, como o AMI e seus vampiros[7], vamos poder sorrir, vamos respirar.

Vamos aspirar fundo. Poderemos, enfim, colocar as verdadeiras questões: a respeito de que falam os economistas? Para que servem os economistas? O que fez de você um rei, senhor economista? Qual é o seu lugar? Na ponte? Ou no depósito de malas, de onde você jamais deveria ter saído?
Para que serve você, senhor economista, qual a sua utilidade, você que é o apóstolo do utilitarismo?

---

[7] O AMI — Acordo Multilateral de Investimento — era negociado em surdina pela OCDE. O AMI não suportou ser colocado às claras. A OCDE também não.

1
Dois gênios e um mecânico

Há dois gênios em economia, Marx e Keynes. Ambos se empenharam em explicar o capitalismo e suas "leis": um, pela concorrência e exploração dos mais fracos; o outro, pela psicologia e atitude diante do dinheiro e da insegurança (o segundo, aliás, ignorando orgulhosamente o primeiro). Mas, em ciência econômica, 99% do que é ensinado, 99% do que fundamenta a "pesquisa" não é nem Marx, nem Keynes: é Walras. "No princípio era Walras", diz A. d'Autume, um dos papas da ciência econômica na França. E tem razão.

Walras foi o primeiro a conceituar e descrever analiticamente um mercado e a propor a questão da harmonia social quando os indivíduos realizam negociações. O primeiro a colocar matematicamente a questão da "mão invisível", que Adam Smith e Montesquieu[1] já haviam intuído ao afirmar que é do egoísmo de cada um que nasce o bem-estar de todos e, a partir daí, a harmonia e a paz social. Que o mercado é "eficaz". Que o mercado dá o máximo de felicidade e de riqueza. Que o mercado proporciona o melhor dos mundos possíveis: o que os econo-

---
[1] E outros mais. Mandeville, por exemplo.

CARTA ABERTA
AOS GURUS DA ECONOMIA QUE NOS JULGAM IMBECIS

mistas chamam de o *optimum*, ou seja, a melhor situação possível.

De certo modo, foi Walras quem estabeleceu o "teorema da mão invisível". Esse teorema que o Sr. Camdessus menciona a cada cinco minutos, citando Smith[2].

Walras não conseguiu resolver esse problema.

Mas vamos adiante... Não nos mostremos descontentes.

Digamos que haja um terceiro gênio, um mecânico genial, Walras. Que acreditava na "mecânica social", na possibilidade de aplicar a física à vida social[3]. Que achava que os mercados (todos os mercados, de tomates, de melões, de petróleo, de trabalho, das moendas de café, de carros e outros mais), agindo simultaneamente, levariam a um "equilíbrio". A uma harmonia geral. A uma paz social, em que todo mundo ficaria de acordo. E candidatou-se ao Prêmio Nobel da Paz em nome de sua teoria.

Jamais conseguiu demonstrar que os mercados levavam a um equilíbrio, nem que os mercados distribuíam melhor as riquezas. Que a economia de mercado era a mais "eficaz". Foram Debreu e outros que demonstraram isso, cerca de 100 anos depois. É como na história de Netuno (encontrado por Galle a partir de conjecturas de Le Verrier), mas invertida*: Debreu descobriu que o mercado, não se satisfazendo em ape-

---

[2] E enganando-se. Ver Capítulo 11, adiante.
[3] Também nisso ele não foi o único! Edgeworth escreveu *Mathematical Psychics* (Física Matemática), que é todo um programa. E não é por nada que na França são os X-Mines (Allais, Debreu, Malinvaud que carregam a tocha da ciência econômica...). Se tivéssemos que escolher um único gênio nesse gênero, seria Cournot, teórico do equilíbrio e filósofo do acaso.
* Em 1846, J. G. Galle descobriu, em Berlim, o planeta Netuno, bem próximo ao lugar imaginado por Le Verrier. Pelo que recebeu, entre outras recompensas, a medalha Coplay da Royal Society, a Ordem de Dannebrog do Rei da Dinamarca e foi nomeado oficial da Legião de Honra e preceptor do Conde de Paris. (N.T.)

DOIS GÊNIOS E UM MECÂNICO

nas existir na realidade, tinha também um sentido teórico. Reconheçamos que ele validava logicamente a questão proposta por Walras, mostrando que tal problema tinha, de fato, solução. Debreu axiomatizou a economia para chegar a isso. É algo que mereceria realmente um Prêmio Nobel.

Em 10 de março de 1984, o *Figaro-Magazine* extorquira de Debreu — a nosso ver, para azar dele, citando Guy Sorman — uma das frases mais idiotas ou mais desonestas (desculpem-me a inutilidade da observação...) da memória de um economista: "Eu demonstrei matematicamente a superioridade do liberalismo". Se o que ele queria dizer é que o sistema proposto por Walras não é sempre ou absolutamente sempre insolúvel, tudo bem. Se ele tentava dizer que o equilíbrio simultâneo de todos os mercados, sistema proposto por Walras, pode *excepcionalmente*, com probabilidade tão mínima quanto a de ganhar na loteria, ser o melhor, tudo bem.

Mas o que Debreu demonstrou, de fato, não foi a superioridade matemática do liberalismo. Ele demonstrou o contrário. E isso os economistas estão sabendo. Há 20 anos. E teriam a obrigação de estar gritando isso aos quatro ventos. De certo modo, é o que estou tentando fazer.

Paciência, amigo leitor. O desvio vale a pena. Vale a pena para compreender por que uma frase como "o mercado é eficaz" é uma balela.

Por que levamos tanto tempo (quase 100 anos) para resolver a questão proposta por Walras? Porque se trata de um problema

CARTA ABERTA
AOS GURUS DA ECONOMIA QUE NOS JULGAM IMBECIS

de interdependência incrivelmente complicado. Walras tomava a Bolsa como representação do mercado e propunha a questão do equilíbrio simultâneo com base em uma multiplicidade de mercados funcionando ao mesmo tempo. O mercado do pão, do vinho, da água, do trigo, dos óleos, dos tratores, dos carros, das garagens, da habitação etc.: considerando um a um, podemos descrever toda a sociedade, e, considerando um a um, todos estes bens são intercambiáveis, pois, quanto mais pão eu compro, menos compro doces, ou serviços de advocacia, ou carros. Só que é extremamente difícil resolver essa questão do equilíbrio simultâneo de mercados. Walras não dispunha de instrumentos matemáticos adequados. De fato, sem o saber, ele havia "colocado" um dos teoremas mais célebres e mais estéticos[4] da história da matemática, o teorema de Broüwer, exatamente aquele que Debreu usaria para sua demonstração!

"*A lei da oferta e da procura* que atua em todos os mercados" é, de certo modo, o teorema de Broüwer; precisamente o teorema que demonstra a existência de equilíbrio simultâneo em todos os mercados.

O teorema de Broüwer existe; portanto, existe um equilíbrio simultâneo em todos os mercados[5]. Aplaudam. Mas não por muito tempo. Porque...

Porque, oito anos depois, Debreu viria a dar golpes fatais em seu próprio filho. Em 1974. A partir de seu artigo de 1974[6] vamos ter que rir na cara dos infelizes que alardeiam que o sis-

---

[4] Qualificativo adorado por matemáticos, para os quais a beleza é privilégio reservado a meia dúzia de eleitos (aproximadamente).
[5] E inversamente. Agradecemos ao prof. Frayssé essa sutil observação.
[6] "Aggregate Excess Demand" (Excesso de Demanda Agregada), *Journal of Mathematical Economics*. Ver Guerrien, *La théorie néo-classique* (A teoria neoclássica), 3ª ed., Paris, Economica, 1989, pp. 170 e seg.

DOIS GÊNIOS E UM MECÂNICO

tema Walras-Debreu é uma "teoria" da concorrência e, como tal, uma espécie de "ciência" do liberalismo. Vejamos como Walras havia colocado a questão da "lei da oferta e da procura" em toda parte, em todos os mercados. Como Debreu resolveu esse problema. E como, depois, o próprio Debreu arrasou com tudo.

1. Walras tinha como imagem do mercado a Bolsa, o "mercado por excelência". Um local, ofertas, compradores, lances, preços e, sobretudo, alguma coisa mais exterior ao merçado: um "corretor de valores", o Estado, a organização, o centro, a "lei", o sistema informatizado de compensações, a Comissão de Operações da Bolsa, e sei lá mais o quê; alguma coisa que não faz parte do mercado e que estabelece suas regras (por exemplo, a interdição de negociar fora do equilíbrio, entre mil outras regras) e os preços. A existência mesma dessa "qualquer coisa", que anuncia os preços fora do mercado, é "o calcanhar-de-Aquiles da teoria" (Arrow, Prêmio Nobel de 1972), sua ferida mortal. O mercado em si, sozinho, o mercado como totalidade, não tem coerência. Não tem o menor valor, nem conceitual, nem real. Aviso aos tolos que crêem que os mercados, deixados entregues a si mesmos, têm humores, vapores e dirigem o mundo. Aviso aos que acreditam na "democracia dos mercados", na "dura lei dos mercados", na "tirania do mercado" e outras sandices. Economista algum contesta essa falha, nem mesmo Friedman, que afirma, dando tapinhas nas coxas, que nada se inventou desde Adam Smith (de acordo, temos que rir mesmo). Esqueçamos esse "detalhe", do corretor de valores e da regra do mercado. Admitamos que o Espírito Santo fixe os preços e a regra, amém.

CARTA ABERTA
AOS GURUS DA ECONOMIA QUE NOS JULGAM IMBECIS

Admitamos um mundo da concorrência *à la* Walras-Debreu, um mundo de "idiotas racionais"[7], como diz Amartya Sen (Prêmio Nobel de 1998), um mundo de "pequenos camponeses que não fazem senão trocas ocasionais" (T. Koopmans, Prêmio Nobel de 1975), um mundo de egoístas primários, de tontos, débeis, limitados, ocupados apenas em olhar o próprio umbigo ou com seus dilemas de custo-benefício, não tendo o menor refinamento, inteligência, psicologia, emoção, simpatia, relação de amizade, de cumplicidade, de astúcia, de sedução, de amor ou de ódio para com o outro, não buscando nunca saber o que os outros pensam, ignorando tudo, os hábitos, os costumes, as delicadezas, absolutamente tudo que os cerca, a não ser certos sinais — os preços —, e reagindo ainda mais automaticamente do que os cães de Pavlov, completamente imbecilizados, como maquininhas de calcular, ou robotizados, como economistas matemáticos. Um mundo em que os indivíduos têm a liberdade das "engrenagens na mecânica do relógio" (René Passet; Walras era o grande "relojoeiro do social", não esqueçamos). Um mundo de pessoas predeterminadas pelo equilíbrio; e já em equilíbrio. E numerosas (a concorrência). Admitamos.

2. Para que exista equilíbrio é preciso que as funções descrevam as ofertas e as demandas dessas pessoas de bem, a *lei da oferta e da procura* (se um preço aumenta, me atrai menos), satisfaçam a certas condições. Qual é o mínimo que sabe alguém que nada conhece acerca de economia? Que, se os preços aumentam, a oferta aumenta; mas, se os preços aumentam, a

---

[7] *Rational fools.*

DOIS GÊNIOS E UM MECÂNICO

demanda diminui. E vice-versa. É essa a *lei da oferta e da procura*. E isso é toda a ciência econômica, amigo leitor. Debreu encontrou a fórmula das funções que descreviam a *lei da oferta e da procura*, dando, assim, uma solução ao problema de Walras. Nem mais. Nem menos. Debreu disse: "Se a lei da oferta e da procura é bem colocada, o problema de Walras mostra-se coerente. E tem uma solução."

Mas Walras esperava muito mais.

Walras esperava que os mercados (mais uma vez a "lei da oferta e da procura" ou a "mão invisível") conduzissem, orientassem em direção ao equilíbrio. À harmonia social. À paz civil de Montesquieu.

Mas, se existisse um equilíbrio, o que garante, em primeiro lugar, que ele seria geral? Depois, que ele seria atingido e, finalmente, que a oferta e a procura levariam à harmonia coletiva? A esperança de Walras era a de que o equilíbrio fosse geral e estável. Que para ele se caminhasse, de mansinho. Que se chegasse, mais cedo ou mais tarde, à harmonia social. *Sir* John Hicks (Prêmio Nobel de 1972) esfalfou-se procurando as funções que deveriam conduzir "naturalmente" (é isso aí: se o mercado é a "natureza", como crê um grande pensador, o Sr. Minc, seria preciso, sobretudo, que ele alcançasse "naturalmente" o equilíbrio), um determinado equilíbrio, o da concorrência. Mas não chegou lá. Outros também tentaram e cansaram-se mais rapidamente do que ele.

Por quê? Por que os economistas se empenhavam, em vão, uns após outros, em demonstrar que a "lei da oferta e da procura", a "mão invisível", animada, à revelia deles, por indivíduos egoístas e independentes, conduziria ao equilíbrio?

A resposta é brilhante: *porque o mercado não leva, espontânea ou naturalmente, ao equilíbrio.*

CARTA ABERTA
AOS GURUS DA ECONOMIA QUE NOS JULGAM IMBECIS

Keynes já desconfiava disso desde 1936. Ou melhor, ele havia descrito isso *a partir exatamente da imagem da Bolsa*, que é um sistema sem equilíbrio, um perpétuo movimento de multidão.

Outro economista, Sonnenschein[8], tirou seus colegas do impasse, invertendo o problema. Ele chegou à conclusão de que, ao contrário do que se acreditava, não era possível definir uma *lei da oferta e da procura* correta, que levasse ao equilíbrio geral. E demonstrou que o equilíbrio podia resultar de uma *lei da oferta e da procura* totalmente aberrante. E daí concluiu de imediato que não é possível deduzir comportamentos normais de nossos "idiotas racionais", condições "corretas" sobre a forma de sua oferta e de sua demanda — corretas no sentido de que essas ofertas e demandas conduziriam, como o bom senso o exigia, a um equilíbrio.

Conclusão: o sistema de Walras não é harmonioso e estável, é totalmente instável. Totalmente catastrófico. Explosivo ou implosivo. Se há equilíbrios (claro que existem, Debreu não demonstrou isso?), a não ser que se caia em um, eles não são atingidos. E, quando se cai em um, dele se toma distância a seguir. Se as palavras *mercado* e *lei da oferta e da procura* têm algum sentido, elas significam singularidades, aberrações, desequilíbrio, indeterminação, destruição, bagunça, *bric-à-brac*. Bordel. O mercado é um imenso bordel.

Debreu confirmou as conclusões de Sonnenschein. Como

---

[8] "Do Walras Identity and Continuity Characterize the Class of Community Excess Demand? (A Continuidade e Identidade de Walras Caracterizariam a Classe de Excesso de Demanda da Comunidade?), *Journal of Economic Theory*, 1973. Ver também Guerrien, *Dictionnaire d'analyse économique*, La Découverte, 1996, p. 457.

acontece muitas vezes em pesquisa, suas conclusões se produziram ao mesmo tempo. Que era o final dos anos 70.

Há 20 anos sabe-se que o modelo de concorrência está em total impasse e que dele não se sairá. Nenhum economista digno deste nome pode ter a pretensão de dizer que este modelo de equilíbrio geral não está morto e enterrado. Só uma pessoa dotada de enorme senso de humor ou um completo ignorante pode ainda escrever, em uma nota do Ministério da Economia e Finanças, produzida *ad hoc* para fazer abortar um projeto de taxação de capitais especulativos, que "a especulação é estabilizadora"[9]. Ninguém mais se interessa pelo problema de Walras. A *lei da oferta e da procura* que leva ao equilíbrio, viva a lei, viva a paz civil, façam o mercado e não façam a guerra e todo este blablablá só servem ainda para Sorman e os que são mimados pelo liberalismo. Será que um dia cuspirão em suas tumbas?

---

[9] Em outubro de 1998.

2
Irão cuspir sobre suas tumbas?

Não nos incomodemos, isso ainda não é tudo.
Os economistas são ávidos por teoremas, mas, infelizmente para eles, demonstram teoremas de impossibilidade. O teorema de Sonnenschein é um deles. O de Arrow é outro: prova a impossibilidade de se passar das escolhas individuais às de uma coletividade. O teorema de Lipsey-Lancaster é mais um. O de Nash não é um teorema de impossibilidade, mas da existência de equilíbrio, contudo, acaba com o conceito de mercado "eficaz".

Estes dois últimos são muito importantes. Trazem mais um terrível golpe ao modelo de concorrência, sobretudo o segundo, e também merecem esse desvio. Pois são mais do que uma pá de cal sobre o cadáver. Em síntese, o primeiro (Lipsey-Lancaster) afirma que a concorrência é um todo; e o segundo (Nash), que o mercado não dá o *optimum*. Em termos claros: o equilíbrio de mercado é a pior das soluções. Esfreguem bem os olhos e leiam de novo: o equilíbrio de mercado é a pior das soluções.

Realmente... Por que encaminhar-se necessariamente a um sistema de concorrência? Temos aqui a prova irrefutável de uma

CARTA ABERTA
AOS GURUS DA ECONOMIA QUE NOS JULGAM IMBECIS

das propriedades-chave do equilíbrio de Walras, da qual ele havia tido a intuição a partir de Smith. A propriedade da "optimização". Os mercados concorrentes produziriam o melhor, o máximo de riqueza, e a distribuiriam, em determinadas condições históricas, da melhor maneira. Diz-se que isso é a "optimização no sentido de Pareto". Maurice Allais deve seu Nobel ao fato de, entre mil trabalhos, ter escavado a noção de *optimum* (ou condição ótima) no sentido de Pareto.

Essa propriedade de optimização do mercado, confessemos, é fascinante. Ela diz que, se a oferta é igual à demanda, se o mercado funcionou bem, então o bem-estar social é máximo. Os consumidores, sobretudo, ficarão no auge da felicidade.

Ela colore definitivamente a "ciência" econômica com um conteúdo normativo: a concorrência é necessária; a concorrência é boa; *laissez faire, laissez passer,* deixem que as coisas aconteçam, que circulem livremente.

Ela orienta toda a política econômica e está, juntamente com o axioma de Montesquieu, no centro mesmo da ideologia liberal: *laissez faire,* e vocês terão o máximo de riqueza e de paz, pois "as nações comerciais têm maneiras gentis"[1].

Portanto, pelo mercado, o máximo de riqueza. É uma interpretação abusiva do *optimum* de Pareto. A condição optimal de Pareto informa, simplesmente, que um equilíbrio de mercados não pode permitir aumentar a felicidade de alguém sem diminuir a de outrem. Uma sociedade em que um tem tudo e todos os demais nada é um *optimum* de Pareto[2]. O *optimum* de Pareto ignora a História, a origem da riqueza dos indivíduos. Mas vamos adiante. Admitamos até, como o faz a vulgata libe-

---
[1] Você acha?! Então veja a história da Inglaterra.
[2] "Não se pode melhorar a situação de um homem sem prejudicar a de algum outro."

IRÃO CUSPIR SOBRE SUAS TUMBAS?

ral ou como o último leitor da carta de Medef, que um mercado proporcione o máximo de riqueza.

É por isso, repitamos, que a teoria de Walras obteve — e ainda obtém, entre os cegos — um tal sucesso. Porque o equilíbrio geral é também um *optimum* social. Porque o mercado é o "melhor dos mundos"[3]. Entre diversas situações possíveis, o equilíbrio oferece a melhor situação, a que maximiza a produção e o consumo. Quem não desejaria encaminhar-se para o melhor dos mundos? Para uma concorrência cada vez maior? Toda a obsessividade desreguladora que envenena a vida dos homens desde que o capitalismo os faz comer, beber, pensar e dormir está nesta equivalência equilíbrio-*optimum* (condição ótima). A velha intuição de Adam Smith.

Passemos a Lipsey-Lancaster.

Os economistas sabem que não temos o direito — lógico, epistemológico, moral — de desregular. De fazer como se uma maior concorrência fosse aproximar-nos do sistema ideal de Walras. De agir como se pudéssemos caminhar pouco a pouco em direção à concorrência. "Passo a passo", de certo modo. E o sabem a partir de Lipsey e Lancaster[4].

A concorrência é um todo. Ou tudo é concorrência, pura e total, ou nada. Não se pode "ir pouco a pouco" no sentido da concorrência pura e simples. Corolário: o Sr. Camdessus é um asno. Se brincarmos de suprimir certos entraves à concorrência, paradoxalmente, distanciamo-nos da solução de concorrência. Em suma, é melhor não mexer em um monopólio se subsistem outros monopólios (ou outros entraves à concorrência, bens

---
[3] A frase não lhe lembra alguma coisa?
[4] "The General Theory of Second Best" (Teoria Geral do Segundo Melhor), *The Review of Economic Studies*, 1956.

CARTA ABERTA
AOS GURUS DA ECONOMIA QUE NOS JULGAM IMBECIS

coletivos, bens que podem ser consumidos simultaneamente por todos os consumidores, como a plataforma nuclear francesa, as barreiras alfandegárias, preços controlados, preços mínimos etc., podemos listar milhares de entraves à concorrência). A concorrência, repitamos, é um todo. Uma totalidade. É irracional buscá-la passo a passo.

No entanto... Qualquer sujeito sensato, de cotovelos fincados no balcão, dir-lhe-á que 80% de concorrência em um sistema é melhor do que 50% ou 30%. Que com 80% de concorrência estamos mais perto do sistema ideal de oferta e de procura do que com 30%, não é verdade? Não. O sistema ideal de Walras é tudo ou nada. É 100% ou nada. E há grandes possibilidades de que um sistema 30% concorrencial seja mais eficaz do que um sistema 50% ou 80%.

Tiremos o chapéu para eles, Lipsey e Lancaster, por terem demonstrado que o mercado é um todo. Indivisível.

Se é possível estabelecer algum paralelo entre Walras e o liberalismo, a única coisa que se pode dizer é que o mercado, e portanto o liberalismo, é um totalitarismo. Ainda tínhamos alguma dúvida. Mas basta ver a cabeça dos stalinistas do mercado. *Note bem*: Hayek (Prêmio Nobel de 1974) está certo. Hayek diz que toda intervenção do Estado, mesmo quando quer encaminhar no sentido de mais mercado, é funesta.

Note Bem n.º 2: um estudante de primeiro ano sabe que um sistema de mercado total e um sistema de planificação total se equivalem. Querendo sempre "mais socialismo", os "planificadores" socialistas, que aplicavam igualmente o teorema do *optimum*, assassinaram seus países. Os liberais, hoje, estão fazendo o mesmo.

IRÃO CUSPIR SOBRE SUAS TUMBAS?

O teorema de Lipsey-Lancaster desfechou um golpe definitivo na moral dos conselheiros do Príncipe. Alguns deles disseram: "Vá lá! A teoria econômica está morta, a não ser que seja totalitária (estaremos agora avaliando o totalitarismo do projeto concorrencial?); então, viva o empirismo das políticas." Outros fingiram ignorar essa conclusão. Muitos ainda a ignoram.

O equilíbrio de Nash foi a última bofetada no cadáver. A pá de cal do coveiro. E todos os economistas que utilizam a teoria dos jogos executam a dança macabra em torno do macabeu Walras no cemitério da teoria liberal.

O equilíbrio de Nash comprova que o mercado, em um caso mais geral do que o de Walras, em um universo estratégico, dá a pior solução de todas. O equilíbrio de Nash é suboptimal. Antes de Nash ainda se podia dizer: bem, em geral o mercado não gera o equilíbrio, é verdade, mas, se, por um acaso estupendo, ele chegasse a produzir um, seria o melhor de todos, não é, meninos? Mentira.

Nos anos 60, decepcionados com o equilíbrio geral, cujo fim mais ou menos pressentiam, os economistas estudaram, com sua habitual impulsividade, a teoria dos jogos. E foi assim que um jogo de estratégia veio a ser a matriz do modelo de concorrência *à la* Walras. Um jogo pode ser mais geral do que o modelo de Walras, porque supõe que os agentes sejam um pouco menos idiotas do que em Walras: eles antecipam as ações dos outros. Exatamente como o estrategista em uma batalha prevê as ações do general inimigo. O ator de Walras, o *homo economicus*, este ignora tudo que pode estar sendo pensado pelo

CARTA ABERTA
AOS GURUS DA ECONOMIA QUE NOS JULGAM IMBECIS

outro. Ele é um caso particular de jogador estratégico: dizem que seu universo é "paramétrico" (o *homo economicus* supõe tudo como dado, externo, sem incidência sobre ele e reciprocamente: não é pelo fato de meu vizinho comprar um carro que vou comprar um; sou só, cego e uso tampões de ouvido; vejo apenas uma coisa: os preços), ao passo que o universo do jogador é "estratégico" (a estratégia supõe que o que ele vai fazer incidirá sobre as reações do outro, exatamente como o general de um exército ou um jogador de xadrez).

Como sempre, os economistas construíram equilíbrios, mas, dessa vez, nos universos estratégicos. Nash, um matemático de gênio ligeiramente amalucado, recebeu um Prêmio Nobel... de Economia por ter sido o primeiro a caracterizar um equilíbrio estratégico.

O equilíbrio de Nash é muito específico. Como o é o teorema de Broüwer, obviamente. Salvo que, desta vez, ele será o único a ser atingido; e será também o mais malévolo.

Portanto, aí está: o mercado, se traz o equilíbrio, traz seguramente a pior solução! Aquela em que a riqueza ou a felicidade dos indivíduos é menor do que em outros lugares! Entre parênteses, isso quer dizer que a cooperação, a aliança, o coletivo são melhores do que a concorrência. Mas vamos em frente.

O que é fascinante é que todo economista um pouco mais curioso — não vamos nem falar mais em "de destaque" — sabe, a partir daí, que o equilíbrio da concorrência é uma quimera, que a concorrência tem virtudes explosivas e destruidoras, e que, além disso, se vier a haver equilíbrio, será o pior! Ou de modo algum será o melhor! E faz 20 anos que os economistas sabem disso!

* * *

IRÃO CUSPIR SOBRE SUAS TUMBAS?

Por que esse silêncio? Aparentemente, eles têm vergonha de seu saber, ou nada dizem a respeito, pelo menos a seus alunos, porque todos os pequenos tolos que se vangloriam de ter feito estudos de economia ainda vêm contar na cidade que a concorrência é bonita e boa, bonita como os mercados, boa como a desregulamentação, a redução de barreiras, as privatizações etc. Todos esses *slogans*, que o pobre Bérégovoy bebia como a cidra vendida como vinho de primeira, caso se ousasse olhar de frente a verdade, ter-se-ia vergonha de proferi-los; vergonha ainda maior do que a de dizer: "a luta de classes fez com que eu seja um cretino, não é culpa minha e sim da sociedade".

Na intimidade, nenhum economista ousará defender o modelo walrasiano, "a demonstração matemática da superioridade do liberalismo" —, vamos rir estrepitosamente mais uma vez, depois simplesmente abrir o berro! Nenhum. Todos os economistas sabem que ele está em um impasse total. Que já está, como a teoria de Lamarck, no fundo de uma gaveta. Como o sistema de Ptolomeu. Que só tem interesse para os arquivistas e historiadores. Ou até para os psicanalistas: como é que se pode continuar a agir "como se"...?

Mas isso, essa cegueira voluntária, não lembra nada a vocês? É ainda um stalinismo, uma outra forma de totalitarismo... Não era preciso desesperar Billancourt e sobretudo os *apparatchiks* que parasitavam Billancourt...*

---

* As fábricas da Renault em Boulogne-Billancourt ficaram famosas como o lugar em que as ocupações de fábricas pela Frente Popular de 1936 tiveram início. Em maio de 1968, os trabalhadores de Boulogne-Billancourt ocuparam novamente a fábrica durante os eventos daquele mês. Assim que os estudantes souberam do fato

CARTA ABERTA
AOS GURUS DA ECONOMIA QUE NOS JULGAM IMBECIS

E, hoje, será que é preciso não levar ao desespero os que fazem previsões? Os jornalistas da área econômica? Os políticos (que sabem muito bem que a economia é tudo menos uma ciência)? Os gurus? Todos os espertalhões que têm um fundo de comércio econômico? Os pequenos acionistas, que são os grandes cornos? É preciso não levar ao desespero os que nos jogam poeira nos olhos, os feiticeiros, os barões, os pregoeiros, equilibristas, os pescadores de estatísticas e de grandes conceitos (que emitem uma meia dúzia por dia — "o escape no sentido da qualidade não impede os mercados emergentes de serem mercados contestáveis, sem rendimentos crescentes, a não ser que um crescimento endógeno aí se introduza, sem qualquer correção técnica" —; desolador: essa frase é economicamente correta; eu poderia evidentemente revirá-la de 10 maneiras diferentes e significaria a mesma coisa: tudo e nada)? Será que é preciso não levar ao desespero os estudantes de ciências econômicas? Mas eles estão expressando sua opinião com os pés; estão partindo para outras disciplinas! E têm toda a razão!

Não levar ao desespero a Duquesa de Kent, dizendo-lhe que o homem descende do macaco?

---

organizaram uma marcha, da Sorbonne até a fábrica, reunindo-se aos operários, e comemoram o feito cantando juntos a *Internacional*. Daí a referência também aos *apparatchiks*, nome que a partir de 1965 passou a ser também usado na França para designar as pessoas importantes nos Partidos. (N.T.)

3

De profundis

Vamos continuar dando marteladas? Vamos. Depois de "equilíbrio" e "optimização", resta ainda uma última palavra a ser atacada: "racionalidade". E, aí, missão cumprida ou já bem adiantada.

Temos que encarar a realidade: a partir de Debreu e de sua "teoria axiomática do valor", a economia, axiomatizada, tornou-se um ramo inferior das matemáticas.

Isso já vinha sendo tramado há muito tempo. Realmente, talvez desde Ricardo[1]. Desde esse astuto David, que raciocinou (teoricamente) no nível macro, fez (praticamente) fortuna no nível micro e elaborou uma ciência "dedutiva".

Ah!, como se tornou pretensiosa a posição dos economistas durante um bom tempo! Tal como os matemáticos, julgaram que não lhes diz respeito a questão de saber se os axiomas que eles se propõem são efetivamente verdadeiros. Sua verdadeira tarefa, como a do matemático, consiste em deduzir teoremas a partir de hipóteses admitidas a título de postulados.

---

[1] David Ricardo (1772-1823). Negociante de cereais, milionário aos 20 anos, autor dos majestosos *Princípios da Economia Política e do Imposto*, pai da teoria contemporânea de comércio internacional.

CARTA ABERTA
AOS GURUS DA ECONOMIA QUE NOS JULGAM IMBECIS

A desgraça é que tais postulados, pouco numerosos, acabaram sendo *laminados pelos próprios economistas matemáticos*. Sobretudo o postulado básico, da "racionalidade": Simon (Prêmio Nobel de 1978) ou mesmo Allais (Prêmio Nobel de 1988) o atiraram na lixeira da casuística. A "racionalidade" dos economistas (que se presumiu produzir essa "eficácia" com que nos enchem eternamente os ouvidos em conversas de cunho jornalístico) merece um pequeno parêntese.

Os agentes são racionais, em economia, quando eles "maximizam seus objetivos, seus resultados, para um orçamento dado"; ou, segunda forma, quando "suas escolhas são transitivas" (em bom português: se o fato de se preferir um carro a uma bicicleta e uma bicicleta a um prato de sopa leva a preferir um carro a um prato de sopa). Pois bem, esses dois axiomas são falsos se introduzimos a incerteza no momento da escolha. Um paradoxo célebre, o paradoxo de Allais, demonstra que os agentes são irracionais a partir do momento em que se introduz um dado aleatório em seus ganhos. Ora, o imponderável é o éter da vida econômica. Sem acaso, sem incerteza, a vida econômica pára. Se todo mundo sabe tudo de tudo, ninguém faz nada. Fica tudo bloqueado. Mas não importa. Todos os economistas (espera-se) conhecem o paradoxo de Allais, mas muitos continuam a raciocinar como se o futuro fosse certo ou, em outros termos, como se o tempo histórico não existisse.

O exemplo mais aberrante de integração econômico-teológica foi dado por Stigler (Prêmio Nobel de 1982), em quem Allais testou *in vivo* seu paradoxo. Stigler teve, evidentemente, um comportamento irracional: "Pois bem, disse ele, ofendido, não é a ciência econômica que é falsa, é a realidade."

DE PROFUNDIS

Bastaria que pensássemos: é a realidade que tem que se adaptar à ciência. Os homens é que têm que se adaptar aos dogmas: é assim que uma integração "sábia" cauciona a absoluta cretinice de instituições como o FMI, como adiante veremos. Stigler é uma aberração douta. Uma espécie de modelo do espírito anticientífico.

Milton Friedman (Prêmio Nobel de 1976) é do gênero Stigler, só que um pouco mais divertido. Em um artigo de grande sucesso na categoria[2] ele desenvolveu a tese de que uma teoria não deveria ser testada pelo realismo de suas hipóteses e sim por suas conseqüências. Ou melhor, não importa que se levante a hipótese de que a Terra é plana, desde que isto lhe permita ir aonde você quiser de bicicleta. E nem há por que se incensar Galileu. Não vale a pena. Você pode até supor que a Terra é oca como uma bola se sentir que sua bicicleta está descendo.

Robert Lucas (Prêmio Nobel de 1996) é, sem dúvida, o economista mais brilhante de sua geração. E afirma que, na hipótese de a racionalidade tiver que desaparecer da ciência econômica, ele deixará a economia. Tem toda a razão. Abolindo a racionalidade, corta-se o último fio que impede a "ciência" econômica de balançar no vazio. Lucas desenvolveu o conceito de hiper-racionalidade dos agentes, através das "previsões racionais" (não só os agentes vêem tudo, o futuro, como também o funcionamento da economia em seu conjunto e as incidências das políticas econômicas sobre a economia), destinadas a fazer

---

[2] "The Methodology of Positive Economics" (Metodologia de Economia Positiva), in *Essays in Positive Economics*, The University of Chicago Press, 1953.

CARTA ABERTA
AOS GURUS DA ECONOMIA QUE NOS JULGAM IMBECIS

cair por terra, de antemão, qualquer intervenção pública; deve-se a ele o "paradoxo de Lucas", que fez tremerem Malinvaud e os econômetras ("se uma decisão política influencia a decisão dos agentes, então, por definição, toda política econômica é impossível, pois uma decisão política não pode ser tomada independentemente de sua incidência"). Mas sua hipótese de previsão racional, ou de hiper-racionalidade dos agentes, é também uma confissão de impotência: se Lucas, faça o que fizer ou diga o que quiser, não serve para nada, então também não serve para nada qualquer coisa que ele diga.

Até logo, Lucas. Faça economia histórica, como Allais, Hicks e, amanhã, Malinvaud. Ou política, como este projeto de economista que é DSK.

4
O prazer sem limites!

Eu aposto que a quase-totalidade dos economistas sabe que eles não são lógicos e se contentam em produzir seus pequenos teoremas em seu cantinho; teoremas esses que, tal como os micróbios dos cientistas loucos, não fazem mal a ninguém enquanto não saem das provetas. Fazer economia de câmara é narcísico, confortável, onanístico e visivelmente prazeroso. A portas fechadas, em um colóquio ou seminário, isso não faz mal a ninguém.

É também uma atitude extremamente confortável, sobretudo para os aprendizes de matemáticos, que podem fazer seus cálculos de qualquer jeito, entre seus pares e sem conseqüências, julgando-se um Gauss, tal como o pintor de domingo pode sempre julgar-se um Delacroix. E mais ainda para os graúdos, como Debreu ou Nash, que não têm que prestar contas a ninguém, mesmo que não ocupem, no paraíso dos lógicos e matemáticos, o lugar dos Gödel, Turing, Broüwer ou von Neuman.

CARTA ABERTA
AOS GURUS DA ECONOMIA QUE NOS JULGAM IMBECIS

A economia douta tornou-se, assim, um sistema em que se empenha em tirar conclusões lógicas a partir de quaisquer conjuntos de axiomas e de postulados. A validade da inferência matemática não deve absolutamente nada à significação, que pode ser atribuída aos termos ou às expressões contidas nos postulados. "Lucro, racionalidade e utilidade" não têm mais sentido do que "ponto" ou "reta" na geometria de Riemann. A validade das demonstrações econômicas repousa na lógica das asserções que contêm e não na natureza específica daquilo de que falam. A economia do douto é verdadeira, independentemente daquilo a que ele se refira (especulação, preço, confiança, capital, trabalho, produção, consumo, distribuição, o que foi?). Parafraseando Russell, "a economia é essa disciplina em que não se sabe de que se fala nem se o que se diz é verdade". Tudo que se sabe — pelo menos, o que sabe o economista minimamente digno desse nome — é que o que é afirmado é lógico. Pouco importa saber se os postulados são verdadeiros (aliás, eles não são) ou se as conclusões são verdadeiras (aliás, elas também não são). A única coisa que importa é afirmar que as conclusões são as conseqüências lógicas e necessárias desses postulados. "A economia não diz mais do que: um quadrúpede é um animal de quatro patas." Obrigado, Russell, mais uma vez.

Uma palavrinha sobre a economia axiomatizada. Sistema dedutivo? Gödel. Em, 1931, Gödel demonstrou que era impossível estabelecer a consistência lógica interna de um significativo número de sistemas dedutivos — como a aritmética elementar, por exemplo. A economia matemática, na qualidade de classe extremamente banal de sistema dedutivo, como o era antiga-

O PRAZER SEM LIMITES!

mente a escolástica, e nem mais nem menos nobre, não escapa a essa impossibilidade de inconsistência.

Mas tanto quanto nunca se há de censurar Debreu pelo prazer sem limites que demonstra com as teorias das catástrofes, dado que elas não cansam, quanto é suspeito o fato de que se tenha construído uma "axiomática" da economia, retomando assim o projeto formalista de Hilbert, que sonhava "desencarnar" a matemática, "esvaziar" todas as expressões dos sistemas de qualquer sentido, construir um puro sistema de signos em que nada ficasse oculto.

Indiscutivelmente, o projeto da "economia pura", trazido por Walras[1], mecânico da sociedade, e Pareto, seu vulgarizador, já punha em relevo uma visão reducionista e mecanicista, que será a de Hilbert — "sonho ridículo de burocrata"[2]. Se, depois de Gödel, purificar, a matemática passa a ser algo ridículo, que dirá então axiomatizar a economia! O projeto de uma economia "pura", desencarnada, etérea — purificada, aliás, de quê? Das sujeiras sociais? Da pobreza? Da desgraça humana? Da vida, pura e simplesmente? —, esse projeto é de uma ingenuidade de nos deixar estupefatos. De fato, como veremos adiante (Capítulo 17), esse projeto é essencialmente místico e muito simplesmente religioso.

Reflitam, senhores economistas "puros", sem mácula, sem sujeira nas mãos (vocês deixam isso para os "praticantes" da economia, aqueles que atiram sobre os grevistas por ordem de

---

[1] *Elementos de Economia Política Pura*, 1876.
[2] J.-Y. Girard, *Le Théorème de Gödel* (O Teorema de Gödel), Seuil, 1989, p. 154.

CARTA ABERTA
AOS GURUS DA ECONOMIA QUE NOS JULGAM IMBECIS

Suharto, que foi salvo de suas dificuldades financeiras pelo dinheiro do FMI), sobre a modéstia imposta por Gödel à aritmética (a aritmética, confessem, é um bocado elegante, não é?). Não se pode deduzir de axiomas todas as verdades aritméticas; a aritmética nunca demonstrará sua consistência.

Então, meus caros economistas... Vocês gostam da lógica, de exercícios, de belas demonstrações... "Elegante", o adjetivo querido dos matemáticos, retorna tão seguidamete sob a pena dos matemáticos de domingo... Como seria bom que o mundo econômico fosse "elegante" quando alguém está atirando sobre a multidão na Albânia, depois de uma especulação que arruinou o país. Quanta elegância no mercado da poluição que vocês estimulam a criar — sou educado, chamando de "poluição" —, convocando sem cessar, em toda parte e sempre, a "concorrência", essa mesma concorrência que, quando se olham cara a cara, vocês sabem ser inexistente!

Vocês são bons lógicos. Sabem que o cálculo proposicional é um sistema consistente (não contendo contradições) e completo (toda proposição pode ser deduzida por um teorema): mas sabem também que todos os teoremas desse cálculo são *tautológicos*. É isto que vocês alinham, com seus belos "teoremas" de quatro vinténs, embrulhados em papel alumínio para parecer algo brilhante: uma série de tautologias. No máximo isso. *Compreendem agora por que a "tautologia", em nível bem inferior, é também a base do raciocínio jornalístico, o raciocínio que se veste com a ciência de vocês, que ele ignora?*

Ver-nos-íamos tentados a pensar, meus ilustres senhores, que o que quebrou o formalismo de Hilbert pulverizou, de antemão, a tagarelice econômica, mesmo estando ela emprenhada (ou "enrijecida" — vocês têm tanta vontade de que sua

O PRAZER SEM LIMITES!

ciência seja "dura"[3]) com alguns quilos de equações por centímetro quadrado de papel. Doutos senhores, vocês são dignos de respeito. Com uma condição: que sejam verdadeiros pesquisadores. Que aceitem o princípio de prazer que guia toda pesquisa autêntica.

Qual a questão mais enfocada e mais comentada da ciência econômica? Uma certa coisa que os matemáticos chamam de "curiosidade" matemática. Um paradoxo sem interesse — os matemáticos têm quase tanto interesse pelos paradoxos quanto por palavras cruzadas. Trata-se do "teorema de impossibilidade de Arrow". Em 1985, ou seja, 13 anos antes, o Prêmio Nobel de 1998, Amartya Sen, grande estudioso do teorema, registrou mais de 1.000 artigos a ele dedicados. No ritmo exponencial do crescimento das publicações, uns 2.000 artigos devem atualmente comentar essa "curiosidade" sempre tão curiosa. Esse eterno bolero tocado para Arrow, o fato de que a questão mais enfocada pelos economistas seja um subproblema de matemática, deveria provocar alguma reflexão. Ou não?

Ah, vocês querem usufruir do teorema de Arrow, o teorema mais comentado de toda a ciência econômica! Pois usufruam! Subam às alturas! Aproveitem a vida de pesquisador! Aproveitem os colóquios para amar as pesquisadoras! Quem não gostou de usar os olhos enquanto falava sobre as variantes do teorema de Arrow! Mas, pelo amor de Deus, ousem dizer que vocês são lógicos puros, sem mácula, sem mãos, nem caixas de

---

[3] Título de um seminário recente: "*A economia está se tornando uma ciência dura?*", Paris, Economica, 1995.

CARTA ABERTA
AOS GURUS DA ECONOMIA QUE NOS JULGAM IMBECIS

ferramentas, sem conselhos a dar ou teorias a recomendar, sem leis a propor, sem nada. Professores Nimbus. Atores. Ousem divertir-se com seu nariz de palhaço e seu rosto mascarado de branco, rosto de artista, que não rejeitaria matemático algum. Ousem dizer que a "economia" não é mais do que um pretexto. Que vocês não estão nem aí para a "realidade" econômica. E sobretudo gritem, em alto e bom som, que não há uma teoria do liberalismo, da concorrência, da eficácia, que todas essas palavras — liberalismo, concorrência, eficácia — fazem parte da ideologia mais chã e da utopia mais totalitária, tão totalitária quanto o foram as utopias socialistas stalinistas!

E, se forem aos jornais para exibir as cintas-ligas rendadas da *expertise*, não contem que só vão lá porque, afinal de contas, alguns físicos deram entrevistas sobre a natureza da matéria, então... Vocês estão rindo do que dizemos? Não há cadernos de "Física" diariamente no *Figaro*? Em compensação, há um caderno de "Economia". Aliás, bem-feito. Vocês sabem, pertinentemente, que a economia é a chave do discurso político, que pesa mais sobre os crânios do que um capacete.

E não me venham dizer *mas que monstros! que horror!*, que a *ciência de vocês é tão incerta quanto a física de Heisenberg!* Deixem esse contra-senso para os jornais que o utilizam a cada ano a fim de demonstrar que todas as previsões econômicas serão sempre falsas, mas que a economia está progredindo bastante e que a vida continua. Não fiquem tentando comparar-se à física. Até Malinvaud já está cansado disso.

Será que vocês ousarão, enfim, dizer que a política não tem o menor direito, absolutamente nenhum direito, de usar a

O PRAZER SEM LIMITES!

"ciência" econômica? Ousarão ou preferirão ir ao jantar dos peritos, do conselho ou do guru?

Mas talvez vocês não acreditem na "ciência" econômica... Talvez vocês acreditem naquela velha história chamada economia política, sobrecarregada com este termo, *política*, como em Marx, Keynes, Galbraith e outros... Então, terão que ousar proclamar, como Keynes, que sua ciência não é uma ciência... Que a noção de "lei" econômica não tem sentido. Que a "previsão", a não ser a do número de mortos nas estradas, feita pelas companhias de seguros, só pode fazer rirem os economistas — os verdadeiros.

"Em filosofia, tudo que não é tagarelice inútil pertence à gramática." (Wittgenstein) Tudo que não é tagarelice, em economia, é do domínio da sintaxe matemática. Ora, a tagarelice só tem uma desculpa: a superficialidade. A engenhosidade. A brincadeira. Deveríamos brincar com a economia "científica". Em vez disso, metemo-nos sob a mais espessa serragem. A maior censura que jamais se fará aos economistas ortodoxos é a de não terem sido mais leves.

Não, ninguém terá a idéia de incriminar qualquer economista depois de uma rebelião provocada pela fome... Os economistas são irresponsáveis. Na vida, há os que assumem o risco de sujar as mãos, há os que lavam as mãos e os que nem mãos têm. Os economistas não têm. Desculpem; eles têm a "mão invisí-

CARTA ABERTA
AOS GURUS DA ECONOMIA QUE NOS JULGAM IMBECIS

vel". E só ela. A ciência econômica há 150 anos repete, *ad nauseam*, a *lei da oferta e da procura* e esta "armadilha da razão" (como diria Hegel) que afirma que vícios privados engendram um bem social. Sejam egoístas, e a sociedade irá bem. É tão simples, como princípio explicativo, quanto a luta de classes. A partir daí, podem-se tecer mil considerações. Infinitamente.

E como a maior parte dos filósofos, como Kant, ou alguns físicos, como Berthelot, que acreditaram tudo ter demonstrado, os teóricos acreditaram que tudo havia sido demonstrado... Que haviam conseguido, finalmente, elaborar a teoria do liberalismo, a teoria da concorrência, a teoria da oferta e da procura, a teoria que poderia proclamar: "Viva o mercado, o sistema mais eficaz, o sistema que traz o equilíbrio social e a condição social ótima, o melhor dos sistemas econômicos possíveis do ponto de vista da produção e do consumo..."

Só que, mal acabavam de anunciar isso — catapum! —, quebraram a cara. Derrubar um castelo de palitos de fósforo deve ser tão divertido quanto construí-lo.

5

Tragédia

As conseqüências da falência da economia mais douta são consideráveis. A primeira é que todo economista minimamente coerente consigo mesmo deveria recusar-se a falar sobre a "realidade econômica" (repitamos: as pessoas, a vida, os salários, o emprego, a felicidade, o valor, os preços...), porque ela não existe. Debreu, reconheçamos, não faz isso ou o faz o mínimo possível. Deixa isso para os jornalistas. Meus amigos economistas-matemáticos recusam-se sistematicamente a falar sobre a "realidade econômica", preferindo dissertar sobre amores, livros, artes e vinhos. Durante muito tempo pensei que estivessem errados. Mas *eles têm razão*. Em economia, eles não sabem do que estão falando; *então, preferem não falar*. O clichê de Wittgenstein "Sobre tudo aquilo de que não se pode falar deve-se calar" é o mínimo em termos de honestidade ou, melhor, de polidez econômica. Para sermos francos, é quase tão insuportável para um economista de "alto nível", um economista "teórico", ouvir um comerciante vendendo seu peixe econômico pelo rádio quanto ficar ouvindo uma buzina de carro enguiçada.

CARTA ABERTA
AOS GURUS DA ECONOMIA QUE NOS JULGAM IMBECIS

Então por que certos mestres aceitam as estações de rádio? A razão é, obviamente, muito simples. Eles fizeram longos estudos. Redigiram uma trabalhosa tese, escreveram artigos de peso, leram milhares de páginas cinzentas e difíceis. Páginas e páginas de toda uma mixórdia matemática comentando exaustivamente os teoremas de Arrow, de Lipsey-Lancaster, de Sonnenschein ou de Nash. Adquiriram, à custa de suor e lágrimas, o rótulo de "economista". E, de repente, assistem a um de seus antigos alunos, depois de um curso técnico de jornalismo ou de um bacharelado em comunicação, falando sobre "economia" na rádio ou na tevê! Eles, que sabem o quanto a economia é difícil, porque é muito difícil falar sobre algo que não existe! Então resolvem ir às rádios. Para dizer que não há nada a ser dito? Não. Para bancar o *expert* ou o "jornalista".

A segunda conseqüência é, por sua vez, decididamente trágica. A partir do momento em que os mestres, os "melhores", os politécnicos e formandos da ENA, os imbecis do MIT e os cabeças-de-bagre da Ensae, por modéstia, podem declarar nada em economia, qualquer um se sente autorizado a dizer não importa o quê. Quem os impediria, no caso? A comunidade dos doutos? Os verdadeiros são humildes e tímidos. Quando entrevistados, esforçam-se laboriosamente em parecer jornalistas, isto é, em contar em dois minutos sua tese que lhes custou cinco anos de suor e um divórcio, e acabou levando a uma pinta* de certezas e 30 hectolitros de interrogação... Coitados!

Tudo que se diz em economia é impossível de ser verificado, de ser sancionado, mas, em compensação, perfeitamente

---
* Antiga medida equivalente a 0,931, ou seja, menos de um litro. (N.T.)

TRAGÉDIA

demonstrável, tanto quanto, aliás, o seu contrário. A economia, como o inconsciente, a metafísica, a religião e o vodu, ignora o princípio da contradição. Vocês querem demonstrar que a taxa de juros aumenta se a demanda de capitais aumenta? É simples! As pessoas pedem crédito, os bancos não têm crédito excedente; então, a taxa de juros aumenta. Querem demonstrar o contrário? É simples! As pessoas investem em ações; com isso, a demanda de créditos diminui e conseqüentemente a taxa de juros diminui. E tudo se torna hipercomplicado se introduzimos a demanda de moeda, de capitalização ou de especulação, ou tudo ao mesmo tempo. Se ainda por cima coroa-se tudo com uma declaração do presidente do Banco Central, do astuto Greenspan ou do bobo Trichet, afirmando, por exemplo, que as taxas não serão alteradas, evidenciam-se as necessidades de 100 páginas de cálculo, para colocar o problema da relação entre demanda de capitais e taxa de juros, e três bibliotecas para responder a isso. Mas, de acordo com o momento ou com o tempo de que disponha, o *expert* fará sair da cartola o coelhinho branco ou o coelhinho preto.

Em geral o *expert* não tem a honestidade ou, sejamos mais gentis, o tempo material para produzir um discurso lógico: ele se contenta com afirmações sobre a confiança, os grandes equilíbrios, a oferta e a procura e a idade do capitão de indústria. Tudo isso não é mais do que a oferta e a procura, e a confiança, meu caro! O dólar sobe? É a oferta e a procura, e a confiança. O dólar cai? É a oferta e a procura, e a confiança.
Se um doutor em economia quiser aumentar o diâmetro de sua úlcera, basta que leia o "conselho do *expert*", publicado sis-

CARTA ABERTA
AOS GURUS DA ECONOMIA QUE NOS JULGAM IMBECIS

tematicamente por todos os jornais ao lado das cotações do dia. É realmente aterrorizante. "As coisas vão melhorar? — Claro que sim, por causa da confiança, da oferta e da procura. Mas as coisas poderiam também estar indo mal? — Sim, por causa da desconfiança, da procura e da oferta."

Que faz nosso doutor? Volta a ficar cutucando besouros ou vai brincar de *expert*?

A tentação de virar um *expert* é grande.

O erudito torna-se de má-fé quando se transforma em *expert*. Mas o *expert*, por sua vez, é sempre desonesto, pois exibe autoridade em relação à complexidade de uma ciência sobre a qual ele em geral nada sabe. Quem pode falar sobre o equilíbrio de um mercado? Equilíbrio geral, estável, instável, falta de equilíbrio? Quem conhece o concurso de beleza de Keynes[1], fundamento dos modelos de equilíbrios múltiplos ou da falta de equilíbrio dos mercados especulativos?

No entanto, todos os *experts* chicaneiam sobre a Bolsa. Com que direito? A não ser com o direito de uma usurpada autoridade competente? Quem se divertiria falando sobre a teoria da relatividade ou da mecânica ondulatória ou corpuscular, aqui e acolá, com um copo de uísque na mão, ar e tom de *expert*, "sim, é isso que eu penso, realmente, a respeito de Einstein"? Nunca um bufão meteorológico das cadeias de televisão se autorizaria a ultrapassar seu estatuto de *clown* para discorrer sobre a técnica dos

---

[1] Exposto no Capítulo 12 da *Théorie générale de l'emploi, de l'intérêt et de la monnaie* (Teoria geral do emprego, dos juros e da moeda), 1936. Imaginemos um concurso de beleza em que sejam apresentadas fotografias às concorrentes, com notas de 1 a 10, e no qual a vencedora tenha que conseguir a nota média obtida pelo conjunto das candidatas. Este tipo de jogo, em geral insolúvel, descreve perfeitamente os mercados das Bolsas, em que se atua em função do que se crê ser a opinião média ou provável dos outros.

TRAGÉDIA

modelos dinâmicos que permitem simular a marcha das nuvens. Não se pode dizer qualquer coisa que se queira em biologia, em física, em micologia, sobre a criação do bicho-da-seda ou sobre a pintura do século 15. Em economia pode-se dizer tudo. O *expert* em Bolsas, este, então, irá falar sobre a especulação — "na qual a análise das convergências no sentido do equilíbrio utiliza o mesmo tipo de equações que os modelos meteorológicos" — tranqüilamente, com um cigarro pendurado no canto dos lábios.

A complexidade matemática da ciência econômica é, paradoxalmente, porta aberta a todos os bufões, dos quais o mínimo que se pode dizer é que eles raramente nos fazem rir. Erro nosso. Deveríamos estourar de rir ao ouvir os *Madame* Soleil da Bolsa na Internet francesa. Todos os dias aparecem "conceitos novos" erguidos pelos *Madame* Soleil da Bolsa ("o escape no sentido da qualidade", a "correção técnica"...) Deveríamos considerá-los *verlan*, gíria ou *petit-nègre** e usá-los, e rir deles, com todo o respeito que se deve aos *pidgins***: "É aí que zi vai, ahn, o tchá bateu a tequila depoiz da kueda da Bolsa..." São coisas que diz Jean-Marc Sylvestre (sem o sotaque).

Ele não fala mais do que tautologias, mas tem suas desculpas. Fez a escolha entre seu dialeto e a axiomática de Debreu, que é igualmente tautológica; e além disso, quando se é jornalista, se é pago para usar todo esse palavrório.

---

* *Verlan* — fala típica de subúrbios franceses em que predominam grupos árabes e marroquinos, na qual certas palavras têm as sílabas invertidas (*verlan* < *l'envers* — o contrário); *petit-nègre* designando a fala de grupos de etnia africana. (N.T.)
** *Pidgin* — em inglês no original: uma das inúmeras línguas resultantes do contato entre comerciantes europeus e povos de outras regiões, por exemplo, da África do Sul ou sudeste da Ásia, contendo elementos da língua local mesclados sobretudo ao inglês, francês e alemão. (N.T.)

CARTA ABERTA
AOS GURUS DA ECONOMIA QUE NOS JULGAM IMBECIS

Mas não quando se é economista.

1988; Debreu está em Paris para um congresso dos Prêmios Nobéis. Entrevistam-no a respeito da economia da França. Ele é honesto: nada sabe dizer a respeito. E isso nem sequer lhe interessa. Não tem a menor idéia do que vem a ser uma economia real; só trabalha com a "teoria". Ótimo. Vamos aplaudi-lo! Ele não finge. Limita-se a desfrutar de sua matemática em sua torre de marfim, e o mundo que se dane. Nada de ação. Deus meu, se todos os economistas "teóricos" se assumissem, como Debreu, teríamos paz, enfim. Mas, infelizmente, ele acrescenta: "O dever de um economista é informar que o direito à vida nem sempre pode ser garantido devido aos custos." Aí, pôs de novo o boné de *expert* e conselheiro"! Esfregamos os olhos... É incrível que um ser humano possa dizer isso! E é isso que nos abre os olhos: a inverossímil pretensão da economia — da economia de Walras-Debreu, felizmente, auto-afundada — de querer decidir, nada mais, nada menos, a vida e a morte dos homens, e, ainda por cima, em termos de custos!

Mas a realidade nada tem a fazer com a teoria, vazia, cínica, ou mais do que cínica, de Debreu: a economia real decide a vida e a morte dos homens. Suharto atira sobre os grevistas, e os prepostos da máfia jogam os albaneses na água, em primeiro lugar as mulheres e crianças, quando eles se aproximam dos guarda-costas italianos. E chamam isso de mercado de trabalho — "o verdadeiro mercado de trabalho", "a realidade" do mercado de trabalho. Uma pergunta a ser feita aos economistas, pedindo-lhes que a concluam com alguns teoremas: será que um escravo é mais produtivo do que uma "criança livre" que trabalha para a Nike?

TRAGÉDIA

Será que Debreu ignora que a "ciência" econômica está em um impasse total? É evidente que não. E os outros papas? Também não. Há muito tempo já dizem em voz alta o que todos estão pensando baixinho.

6
Quando os papas abjuram...

Os papas nunca são tolos que se deixem enganar. Eles deixam a devoção para os humildes, para os submissos, para os analfabetos ou para os Trissotin.

Maurice Allais nunca se deixou enganar. "Estes 45 últimos anos foram dominados por toda uma sucessão de teorias dogmáticas, sempre sustentadas com a mesma autoconfiança, mas totalmente contraditórias entre si, igual e totalmente irrealistas, e abandonadas uma após outra sob a pressão dos fatos. O estudo da História e a análise aprofundada de erros anteriores foram sendo excessiva e progressivamente substituídos por simples afirmações, muitas vezes alicerçadas em puros sofismas, em modelos matemáticos irrealistas e em análises superficiais das circunstâncias do momento"[1].

É tranqüilizador. O retorno à História. O retorno às fontes da economia política. E os "puros sofismas", os "modelos matemáticos irrealistas"... Faz bem ouvir isso.

---

[1] "Le désarroi de la pensée économique" (O desnorteamento do pensamento econômico), *Le Monde*, 29 de junho de 1989. Frase repetida, palavra por palavra, no *Le Figaro* de 19 de outubro de 1998.

CARTA ABERTA
AOS GURUS DA ECONOMIA QUE NOS JULGAM IMBECIS

Melhor ainda: Hicks também, um dos papas da virgindade walrasiana e do mês de Maria, converteu-se... à História. Finalmente. Hicks abjurou. Arrependeu-se. Oh, ao ler esse personagem culto e que escreve com uma elegância realmente rara entre os pedreiros da equação, não pudemos deixar de pensar que... que estivesse blefando! Que usasse a lógica (mesmo manejando o jargão econômico) só para se divertir. Que refletisse sobre economia tal como os outros conversam eruditamente sobre o sexo dos anjos. Sua enorme teoria austríaca do capital — alguns volumes para demonstrar uma evidência: se a taxa de juros baixa, o investimento aumenta — não era mais do que um jogo sobre os modelos demográficos. Nós já sabíamos. Sabíamos também que ele havia apunhalado Keynes pelas costas e que não estava muito orgulhoso disso. Acabou reconhecendo os fatos.

Conquistado o Nobel, ele se dedicou cada vez mais à história do pensamento, depois à história dos fatos. Enfim, disse, substancialmente, em tom um tanto lasso, muito hicksiano, que tudo que havia construído ao longo da vida não era mais do que jogos feitos junto à lareira, *puzzles*, catedrais de palitos de fósforo. Infantilidades lógicas. Que a História era a única economia possível. Que a noção de lei econômica não tinha sentido. Reconheceu, em suma, que havia traído Keynes, logo após a publicação da *Teoria Geral*, interpretando-a por meio de um diagrama[2] do qual retirou, evidentemente, a incerteza, e que, no entanto, era Keynes quem tinha razão: "Os teóricos do equilíbrio não sabiam que estavam derrotados... Eles acreditavam que

---

[2] O diagrama, chamado de IS-LM, escandalosamente ensinado aos estudantes como sendo uma síntese da teoria walrasiana e da teoria keynesiana.

QUANDO OS PAPAS ABJURAM...

Keynes podia ser absorvido por seu sistema de equilíbrio..." Mas já estavam derrotados em 1937, quando Keynes se referia a "forças obscuras da incerteza e da ignorância que atuam nos mercados". Em 1979, Hicks finalmente abandonou a noção de lei universal em economia[3]. E morreu com um sorriso nos lábios. Outros, porém, já haviam abdicado antes dele. Pareto, desesperado com muitas coisas, pondo Walras na fogueira depois de tê-lo adorado e reconhecendo que a economia não passava de uma tentativa inútil de fazer psicologia em outros termos — ah, mas isso é tão verdadeiro! E a "confiança"! A "transparência!" O "temperamento sangüíneo dos empresários"! E Marshall dizendo a Keynes, pouco antes de morrer: "*If I had to live my life over again, I should have devoted it to psychology...*" ("Se me fosse dado viver de novo, eu dedicaria minha vida à psicologia...")[4]. E Keynes, lendo Freud e escrevendo anonimamente para seu próprio jornal a fim de dar testemunho de sua admiração pelo mestre de Viena, descobrindo em Freud suas teorias do dinheiro, da "libido poderosa dos empreendedores" e até mesmo da depressão. Keynes que, para fazer aceitar sua *Teoria Geral*, teve que adotar o jargão vigente, improvisar duas ou três equações com multiplicações tomadas de empréstimo a Kahn e que nada lhe acrescentaram, parecer hermético para ser apreciado pelo *establishment* e fazer ver, sub-repticiamente, a impostura da economia como física social e a inexistência do equilíbrio nos mercados (Bravo, Maynard! Digno de seus amigos Blunt e outros, alunos especiais em Cambridge). E Myrdall, o economista (Prêmio Nobel de 1974) que gastou seu fôlego criticando

---

[3] *Causality in Economics* (Causalidade em Economia), Basic, Nova York, 1979.
[4] J. M. Keynes, *Essays in Biography* (Tentativas de Biografia), Coll. Writings, Londres, McMillan, 1972.

CARTA ABERTA
AOS GURUS DA ECONOMIA QUE NOS JULGAM IMBECIS

os economistas e debochando dos econômetras; e Klein, o econômetra (Prêmio Nobel de 1980) que também caçoa dos economistas... E Maurice Allais, que, por ocasião de sua nova indicação ao Nobel, disse que, no fundo, a economia não é mais do que psicologia... E Arrow, Prêmio Nobel, que é pai, juntamente com Debreu e Hahn, da teoria do equilíbrio e que estourou de rir assim que viu seu Nobel garantido... E Robert Solow, Prêmio Nobel, a quem se deve esta maravilhosa frase: "A prisão é o auxílio-desemprego americano", e que, depois de anos de casuística matemática, também reconheceu que, em "ciência" econômica, decididamente, a instituição, a História e a política é que são importantes. Jamais o equilíbrio, a racionalidade, a concorrência, a eficácia e outras blagues.

E o próprio Edmond Malinvaud, majestade dos pés à cabeça, que pregava sermões a Hicks por ter abandonado o círculo dos adoradores da "ciência" econômica... E que também, no final de sua carreira ou, melhor, de sua vida, quando a ave de Minerva enfim se ergue, e todo homem ousa olhar de frente o que foi e o que fez, cantou sua estrofe antieconomia matemática! Paremos por aqui e rezemos! Aleluia! Até Malinvaud! "Por que os economistas não fazem descobertas?", escreveu[5]. Bem claro, não?
Por que os economistas não fazem descobertas científicas? Porque a economia não é propícia a descobertas científicas. Fazem-se descobertas em teologia? Em casuística? Em casuística, vai-se juntando caso a caso. De milhares a milhões de casos.

---

[5] *Revue d'Économie Politique*, 1996.

QUANDO OS PAPAS ABJURAM...

A economia tornou-se uma imensa acumulação de casos particulares. Que lucidez há nesse texto! É toda a história da "ciência" na França! Aproximando os engenheiros dos literatos, os brancos dos aborígines, os citadinos dos camponeses. Mostrando como a matemática impressiona os ingênuos e ignorantes, que logo dizem ou fazem mais do que é preciso, por medo de não se mostrar suficientemente refinados... Os piores ao ordenar os fuzilamentos foram sempre os que tinham medo de passar por frouxos... Hoje em dia mesmo, muitos autores vituperam a "qualidade da ciência" porque têm diante dos olhos equações que não compreendem. É a permanente função terrorista da matemática.

A cientificidade é o tormento dos economistas. Então, para terem ares de sábios, exibem, bem ostensivamente, sua parafernália técnica. "A matemática, de instrumento, que jamais deixou de ser, passou a ser emblema, signo da ciência, destinada a impressionar os que estão fora e assegurar os do lado de dentro: o economista, pela matemática, exorciza sua inquietação de usurpador."[6]

Obrigado, Edmond Malinvaud, por finalmente reunir-se aos que dizem em alto e bom som o que o mundo todo sabe e murmura baixinho: o rei está nu.

---

[6] Frédéric Lordon, "Le désir de faire sciences" (O desejo de fazer ciência"), *Actes de la Recherche en Sciences Sociales*, n° 119, setembro de 1997.

7
A dança macabra

Aniquilada toda a coerência do modelo de equilíbrio geral, cada um pode ir para seu canto, cuidar de sua vida, sem entrar mais pela seara alheia. Um vai tratar do contrato de trabalho, outro das relações entre os acionistas e os dirigentes, um terceiro das relações entre deputados e eleitores ou dos eleitos e dos governantes, mais um irá para o direito, algum mais para a filosofia política (o que se dá cada vez mais e é algo digno de respeito; há também um número enorme de bares a serem construídos e lotados com pessoas desocupadas e sentenciosas), este se ocupará da economia dos transportes, aquele da ecologia (aqui também há um bocado de gente, tanto o pensador em ecologia, quanto o tolo que busca a taxa ótima para que o buraco de ozônio tenha um formato ótimo, para que o Reno tenha um número ótimo de peixes navegando suas águas ou para que a taxa de câncer de uma população seja optimal), outro da economia industrial, outro etc. etc. Pelo menos a nova geração é lúcida. Fica trabalhando em seu canto, sem pretensões. Chega de grandes sistemas, viva o cada um para si e o *optimum* para todos. É, eu disse mesmo o *optimum* e não o mercado. Os jovens

CARTA ABERTA
AOS GURUS DA ECONOMIA QUE NOS JULGAM IMBECIS

economistas sabem que o *optimum* não é o mercado. Sabem que aplicam um jargão e um instrumento a todo e qualquer campo social. Pelo menos têm a desculpa de que o fazem com conhecimento de causa e com um certo cinismo (só o cinismo pode explicar que Rhône-Poulenc se preocupe com a ecologia, Bouygues com comunicação ou Becker[1] com problemas de fecundidade).
Morto o sistema de Walras, os economistas precipitaram-se para o pátio de recreio. E sobre a teoria dos jogos.

Não deixa de ser fascinante que a economia contemporânea tenha aí estabelecido moradia. Como o próprio nome indica, a teoria dos jogos é uma enorme empresa lógico-lúdica que possibilita fazer perguntas difíceis, propor adivinhações e charadas, construir os silogismos tão apreciados pelos lógicos de calças curtas ou compridas e pontificar sobre toda e qualquer questão social: as relações empregadores/empregados, o assédio sexual, a atitude dos criminosos e dos fraudadores (que o jargão econômico chama, adequadamente, de "passageiros clandestinos"), o trabalho feminino, as escolhas educacionais, as relações acionistas/patrões, gerentes/assalariados, Estado/empresas, os conflitos de todo tipo, as estratégias publicitárias, tudo, absolutamente tudo que compõe a vida de uma sociedade. Os conflitos entre homens e animais podem ser tratados pela teoria dos jogos. As relações afetivas ou sexuais, também.

---

[1] Gary Becker, Prêmio Nobel de Economia de 1992, um dos maiorais do cálculo custo/benefício a ser aplicado a todos os aspectos da vida, sobretudo ao casamento, à vida familiar e, igualmente, ao crime, à educação etc.

A DANÇA MACABRA

A teoria dos jogos é a página Jogos do *Suplemento do Mickey* (embora com nível um pouquinho mais elevado: "Um comportamento ótimo está escondido nesse modelo: será que você consegue descobri-lo?"). E os economistas tornaram-se encantadores escoteiros-mirins do jogo de corridas, da fórmula de acender o fogo, da "qual é o maior número de três algarismos", do "você deve dar banho no seu gato ou pagar o acionista em função dos dividendos e de sua importância?"

Ousem, senhores economistas! Ousem dizer que vocês têm prazer nisso! O verdadeiro prazer do lógico ou do matemático, para os quais a questão da utilidade não tem o mínimo valor. É supérflua. Digam que vocês são matemáticos dos melhores, garotos em viaturas de pedal que julgam estar conduzindo o que para os outros são bólidos — mas que seu prazer, no caso, é o mesmo. Nós já fomos crianças. Então assumam seu lado autodidata, de pintores de domingo, de construtores de catedrais de palitos de fósforo; assumam seu piquenique na grama, com um copo de termodinâmica, uma pincelada psi, uma colherada de bom senso; assumam seu chopinho de fim de seminário, no qual vocês trocam impressões com os outros pilotos de modelismo, contemplando seus barquinhos no lago das Tuileries e sonhando do navegar um oceano de verdade.

Sabe, Edmond Malinvaud, seu apelo em relação à "utilidade da pesquisa", suas recomendações quanto à "atenção na avaliação da pesquisa", à "maior exigência de serem anunciados os limites de alcance dos resultados" são ambíguos![2] Se é para dizer

---
[2] Ainda naquele artigo publicado na *Revue d'Économie Politique*, 1996.

CARTA ABERTA
AOS GURUS DA ECONOMIA QUE NOS JULGAM IMBECIS

a seus colegas "Reconheçam que vocês, utilitaristas, maníacos da utilidade, se tornaram conquistadores do inútil", tudo bem. Deixe que eles subam aos píncaros que não levam a parte alguma e aí se divirtam. Mas, se é para fazê-los, mais uma vez, pensar na utilidade e na seriedade de uma ciência que deveria estar mais próxima do real, não há acordo possível. Nada pior do que um economista tímido. Ele deixa porta aberta aos inventores de histórias e aos falsificadores. Gozem seu prazer sem limites, senhores economistas! Vocês têm o social e a matemática! Sejam ainda mais surrealistas! Pontilhistas! Expressionistas! Borrem a grande tela branca da vida com grandes pinceladas! — desculpem: com lemas e teoremas. E apregoem, alto e forte, que vocês vão cortar a grama de sob os pés dos *experts*, esses ladrões de saber.

A teoria dos jogos foi uma fantástica renovação de ar para os economistas incrustados nas sínteses macroeconômicas dos anos 60, nas pesadas recensões estatísticas em que se analisavam crescimentos, faziam-se comparações internacionais, estudos de desenvolvimento, todos esses ingentes esforços de "justapor-se ao real". Até os nomes dos jogos são estranhos e divertidos: o dilema do prisioneiro, a guerra dos sexos, a pomba e o gavião, o teorema do folclore...

Com a teoria dos jogos, veio o período das brincadeiras à mesa do bar, da blague estudantil elevada às cumeeiras do pensamento. Um enorme ramo da economia, chamado de "economia industrial", pôde, em total impunidade, contar os apuros do gerente enredado na vigilância dos acionistas, as astúcias do trabalhador qualificado *free-lancer*, as macaquices do vendedor de carros em promoção seduzindo um boboca, a maldade do auto-

A DANÇA MACABRA

mobilista escondendo da companhia de seguros seu comportamento, as caretas do publicitário diante das ordens que lhe dão etc. E isso de maneira absolutamente abstrata e lúdica, embora com pretensão à solidez das vigas mestras, do cimento e do madeiramento das obras, à dura realidade do ruído e do suor... A economia industrial[3] não diz mais do que três dedos de psicologia de botequim. Mas ela o diz com "jogos", interações estratégicas com raciocínios recorrentes, hipóteses de conhecimento comum ("eu sei que você sabe que eu sei"), eixos de decisão, argumentação que pesa seus 100 quilos de bom senso ("suponhamos que o *manager* deseje provisoriamente, em situação de incerteza, manter sua remuneração"). Ela permite aos economistas, a todos os economistas, levar um bom tempo, sem cansar ninguém, enrolando raciocínios cotidianos em metros e metros de equações a serem arrumadas no baú de joguetes da "indústria". Indústria, o termo tem o peso de toneladas de petróleo e seus tanques de refinaria. Soa mais sério do que dizer: "Eu o agarro pela barbicha, e você também"* — o que é, porém, a própria base de raciocínio dos jogos. Vocês não começariam um curso dizendo: "Atenção! Hoje vamos brincar de cantar: 'Vou pegar vocês pela barbicha'." Vocês diriam: "Vamos estudar os modelos principal/agente, a teoria das incitações e alguns equilíbrios de Nash."

O fim do sistema de equilíbrio geral foi uma espécie de queda do Muro de Berlim. Um delírio.

---

[3] Ou a "economia da informação" — as expressões são sinônimas — que introduz incerteza, crenças e assimetrias de informação nas monografias e nos exemplos (em suma: nos casos particulares).
* Refrão de uma cançoneta infantil francesa: *"Je te tiens, tu me tiens par la barbichette"*. (N.T.)

CARTA ABERTA
AOS GURUS DA ECONOMIA QUE NOS JULGAM IMBECIS

Todos os economistas, mesmo os mais canastrões, os mais empoeirados, os liberais mais descabelados ou os marxistas mais ferrenhos, passando por pomposos keynesianos que nada entenderam de Keynes, adotaram a teoria dos jogos. Agora acabou. A teoria morreu. Brinca-se. É divertido. Dança-se sobre o cadáver. Faz-se um joguinho para explicar as relações entre o Estado e os sindicatos, o duelo franco-alemão, a luta da Companhia de Águas com a Lyonnaise, o futuro da Rede Ferroviária ou o Monicagate americano... O mesmo jogo explica tudo. Enfim, os economistas estão em um mesmo campo: o do vazio. "A teoria dos jogos é a matriz econômica, contendo a própria teoria do equilíbrio."[4] Totalmente de acordo. Ela é a matriz do comportamento humano. Ela explica a estratégia de Gérard Lambert, pela manhã entre sua *bike* e o metrô, a de Napoleão preferindo ter o sol nas costas num dois de dezembro ou de John Meriwether, patrão do fundo LTCM[5], fazendo uma aposta de 50 milhões de dólares nas letras do tesouro russas.

Ah, que é um bocado divertido, é!

Não há dúvida de que, para quem olha de fora, manter-se-á um arzinho trágico de quem faz truques muito complicados, sendo falta de educação do público tentar desvendá-los. Só faltava os economistas terem que se explicar diante dos cidadãos! Os médicos, as enfermeiras, os advogados, os vendedores de Dioxina, os jornalistas, é lógico que sim, os políticos também, por que não?, mas os economistas! E, além do mais, dizer o quê? Eles têm o privilégio único de poder discursar sobre a vida dos homens em sociedade, aconselhá-los, orientá-los, censurá-los, fazê-los passar fome em certas situações, sem ter nunca que

---
[4] Bernard Walliser.
[5] Ver capítulo seguinte.

A DANÇA MACABRA

prestar contas. Além disso, seu blablablá é tão complicado, que ninguém entenderia nada mesmo e seria preciso ficar tentando compreender! Ousemos dizer o seguinte: a teoria dos jogos, a economia pós-walrasiana, é a oportunidade única para os mestres, os verdadeiros: *eles podem, finalmente, divertir-se em paz*. O problema é que, como sempre, *experts* irão aproveitar-se dessa nova "ciência" para desfilar pelos salões a passos soltos. Ou, libertos da coleira do modelo geral, irão buscar os *optima* em seu canto. Mas sempre repetindo: "Viva o mercado e o *optimum*", esses hipócritas, justamente agora, quando não têm mais o direito de fazê-lo, quando não mais estão na sociedade e, sim, recolhidos à sua pequena horta de legumes.

É catastrófico.
"Jamais insistiremos suficientemente no fato de que a ciência experimental progrediu graças ao trabalho de homens incrivelmente medíocres ou até mais do que medíocres... Pois antes os homens podiam dividir-se, simplesmente, em instruídos e ignorantes, alguns mais ou menos instruídos e outros mais ou menos ignorantes. O especialista não é um douto, pois ignora completamente tudo o que não faz parte de sua especialidade, mas também não pode ser considerado um ignorante, pois é um homem de ciência, que conhece bem sua pequena porção do universo. É, portanto, um instruído-ignorante."[6] Essa frase cruel não se aplica exatamente aos economistas. Para eles é ainda pior. Primeiro,

---

[6] Ortega y Gasset, *La Révolte des Masses* (A Rebelião das Massas), Paris, Stock, 1930, pp. 162-3.

CARTA ABERTA
AOS GURUS DA ECONOMIA QUE NOS JULGAM IMBECIS

porque não fazem experiências. Depois, porque são, muitas vezes, lúcidos. Eles sabem que estão condenados a encerrar-se em seu canto, a ficar cultivando seu canteirinho particular. Mas será que tiram partido disso? Que aplicam o adágio "Para vivermos felizes, vivamos escondidos e cultivemos nosso jardim"?

Os filósofos usufruem da inutilidade da filosofia? Sim.
E os casuístas usufruem da casuística? Sim.
Os economistas? Não.

A similitude economia/casuística é fascinante. De casuística teórica, empilhamento de teoremas, a economia tornou-se casuística experimental: estudo de casos particulares da vida social. Quantos casos haviam acumulado os casuístas que Pascal confessou ver-se tentado a admirar? Quantos teoremas e, a partir deles, quantos "exemplos" os economistas acumulam sobre qualquer questão da vida? O que caracteriza a ciência econômica moderna não é o déficit de explicação, é seu excesso. Seja qual for o problema — comércio internacional, flexibilidade nas trocas ou a cor do papel pintado da cozinha —, ela sabe tudo a respeito. Não há uma questão em que ela não seja capaz de se adiantar, apresentando, como troféus ou medalhas, 10 teorias, 50 modelos e 200 propostas de vertiginosa profundidade, baseados em exemplos do gênero "Se o administrador quer optimizar sua estratégia, ele tem que conquistar a confiança de seus empregados". A falência do modelo de Walras, do modelo de equilíbrio geral, falência de uma explicação global desta totalidade que é a sociedade, autorizou os instrumentos do cálculo econômico a se desdobrarem em todos os aspectos sociais. Há

A DANÇA MACABRA

estradas em uma sociedade? Calcula-se sua largura ótima, o preço ótimo de seu pedágio, seu comprimento ótimo em função da concorrência da estrada de ferro, o número ótimo de bilheterias nos pedágios, a duração ótima das licenças de sua equipe de trabalho. Há carros nas estradas? Calculam-se as relações dos acionistas com o fabricante dos carros ou do fabricante com os intermediários. Há homens nos carros? Calculam-se, em termos de dinheiro, as reflexões dos homens. Há fígados e rins nos homens? Calcular-se-ia, se fosse preciso, o funcionamento de mercado de órgãos. Há sangue nos órgãos? Há todo um esforço no sentido de chegar a um sistema ótimo de estocagem e de transportes para redução máxima de estoques...

Ai, ai, ai. Essa busca exclusiva e sistemática, por parte dos eruditos, de eficácia em casos particulares autoriza e avaliza a difusão de revistas, de colunas especializadas, de editoriais, de rubricas cotidianas e de jornais televisivos cantando o *bel-canto* do mercado; sob este pretexto, Debreu demonstrou matematicamente a superioridade do referido mercado. Ora, Debreu não está mais nessa de superioridade do mercado; ele está cuidando da distribuição ótima de toalhas de papel por lavabos e banheiros em situação de incerteza e com um *optimum* de segunda classe: a cor do papel higiênico. Debreu não discute mais o mercado. Ninguém mais se refere à *lei da oferta e da procura*. Pelo menos entre os mais competentes. Exceção feita aos arquivistas e embalsamadores. É preciso que se diga isto! Os que ficam tagarelando sobre o mercado são usurpadores! As pessoas que se estão paramentando com a ciência econômica são escroques! São vendedores de licor de alcaçuz ou de medalhas para curar

CARTA ABERTA
AOS GURUS DA ECONOMIA QUE NOS JULGAM IMBECIS

reumatismos ou trazer de volta esposas infiéis com elucubrações carimbadas com o timbre de Einstein-Heisenberg! Vai ser necesssário sair desse círculo fechado de vocês, economistas, ou pelo menos daqueles que assim se julgam! Vai ser preciso clamar em voz alta e forte, fazer ver o impasse em que vocês estão e passar a pagar as rodadas nos cafés de filosofia. Senão, qualquer um poderá vir falar sobre economia. O silêncio dos economistas ilumina os alto-falantes da demagogia.

Por que os gurus, os *experts*, a imprensa teriam direito de solfejar a oferta e a demanda? O direito de cantar que a Terra é plana? Que ela é o centro do Universo? Que o homem descende dos anjos e não do macaco? De fazer o negacionismo na História? De dizer que Vichy era cego e que Homero não o era? Por que se tem que respeitar todos os saberes, menos o da economia? Por que os economistas seriam os únicos pesquisadores a ser exaltados? Quem ousa dizer que o Sol gira em torno da Terra, ao passo que todos os dias proclama-se que mais mercado significa mais eficácia?

Poder-se-ia perdoar os economistas da geração antiga, cegados e aterrorizados pela matemática, de não saber. Aos jovens, não. A eles cabe proibir a utilização a torto e a direito de seus conhecimentos.

Obrigado aos economistas da nova geração (Pierre Cahuc, por exemplo, ou Jean Gabszewicz, ou Frédéric Lordon)[7] por

---

[7] Pierre Cahuc, *La Nouvelle Microéconomie* (A Nova Microeconomia), Paris, La Découverte, 1994; Jean Gabszewicz, *La Concurrence imparfaite* (A Concorrência Imperfeita), La Découverte, 1996; Frédéric Lordon (em colaboração com

A DANÇA MACABRA

não se deixarem enganar; por dizerem que a economia moderna não é mais que um *patchwork* de micromodelos, de *toy models* (miniaturas de brinquedo), como dizem os americanos, sem coerência, a não ser a do cálculo custos/benefícios. Modelos *ad hoc*, construídos improvisadamente para o problema a ser tratado, como se se fizesse uma maquete de auto-estrada antes da verdadeira auto-estrada, sem saber nem por que, nem para quem essa auto-estrada é traçada.

Obrigado, rapazes. Uma breve passagem por Merton e Scholes, e vamos poder tratar dos *experts*.

B. Amable e R. Boyer), "L'*ad hoc* en économie: la paille e la poutre" (O *ad hoc* em economia: a palha e a trave), in *L'économie devient-elle un science dure?* (A economia está se tornando uma ciência dura?), Economica, 1995.

8

Obrigado, Merton e Scholes

Felizmente ainda há uma moral e uma Bolsa de Valores econômicas: se a suficiência for colocada em quilos, Raymond Barre não vale sequer seu peso em caramelos.

E não sou eu quem vai fazer uma opção por Merton e Scholes.

Merton e Scholes, felizmente, exibiram diante de todo o mundo sua crassa nulidade: graças a Deus e ao mercado, eles fizeram contra a poluição econômica tanto bem quanto o "melhor" economista, Barre, ridicularizado assim que surgiu e reciclado, 10 anos depois, como baliza, batendo os pratos de um liberalismo desgastado, nos píncaros de Davos. Deveríamos entrevistar seguidamente Raymond Barre, com seu barrete de economista pleno. Deveríamos prosternar-nos todos os dias diante de Merton e Scholes, com seu modelo infalível a tiracolo.

Pois Merton e Scholes estavam brincando ao servir-se de seu infalível cálculo de probabilidades de jogo — desculpem, de seu modelo.

* * *

CARTA ABERTA
AOS GURUS DA ECONOMIA QUE NOS JULGAM IMBECIS

Quando se recolocaram Merton e Scholes — sábios entre os mais sábios, sábios que deixam a milhares de anos-luz o *expert* medíocre que mama nos mercados da Bolsa ou que fica falando a partir de seu posto — em sua justa posição de vendedores de amuleto contra o risco de variações na cotação das ações, como outros vendem amuletos contra reumatismo, chegou-se a uma conclusão sobre eles. Como sobre todos aqueles que ousam utilizar a expressão *lei econômica*. Merton e Scholes são bons. Verdadeiros pesquisadores. Mestres. Grandes calculistas[1]. Ninguém o nega. No entanto, eles vendiam vento. De certo modo, como a marionete do "Doutor" Naessens[2] — um falso sábio, no caso, é verdade —, que, nos anos 60, vendia, com o apoio da mídia, uma tisana contra o câncer, antes de fugir para o Canadá com o dinheiro roubado dos tolos. A mídia, hoje, vende soro econômico Minc, poção Barre (vendiam: os estoques estão com prazo de validade expirado) ou elixir Merton e Scholes. Estes últimos haviam sido saudados pela imprensa como gênios das finanças ou, melhor, como os gênios que haviam possibilitado a expansão, sem riscos, do mundo maravilhoso da especulação. Vamos saudá-los como merecem

Pois Merton e Scholes ainda acreditavam no modelo da concorrência, no modelo de Walras.

* * *

---

[1] Eles fazem arranjos e combinações do cálculo diferencial de estocagem, passavelmente complexos. Adoram os processos "brownianos", descrever o movimento de preços por meio de movimentos brownianos.
[2] Indivíduo que fingia ter inventado um xarope (duas colheres por dia, mas não muito cheias) que curava o câncer.

OBRIGADO, MERTON E SCHOLES

Eles jogavam no mercado de opções, caso específico de mercados de derivativo.

Um exemplo é a opção de compra de uma ação: é um contrato que confere ao comprador o direito de comprar (opção de compra) uma ação a um preço fixado, até uma data futura préfixada, por meio de quitação imediata ao vendedor de uma *prime*. Por exemplo, eu digo a um vendedor de uma opção sobre uma ação da France Telecom: "Dentro de um mês eu lhe compro uma ação France Telecom ao preço de 100 francos e lhe dou, hoje, 10 francos". Se dentro de um mês a ação valer mais de 110 francos, eu ganhei. Eu exerço a opção. Senão, eu desisto. Não é complicado.

A vantagem do jogo com opções é que se joga com ações (ou valores de um ativo qualquer) *sem ter as ações*. Especula-se, então, com o vento, o que é extremamente rentável, pelo menos enquanto a coisa dura. Se eu fosse um especulador comum de ações e se minha ação passasse, em um mês, de 100 para 120, eu teria ganho 20%. Mas, se sou um especulador de opções e se paguei por minha *prime* 10 francos, então ganhei 20 francos, ou seja, tive um ganho de 100%. É o que se chama "alavancar".

O problema é que esse alavancar faz-se com *primes*; portanto, com pouca margem em relação aos valores dos ativos. O especulador que trabalha com opções tem que lidar com um enorme volume de ações para ter vantagem sobre aqueles que se contentam em especular com ações. É o que faziam os dois papais-noéis — Merton e Scholes.

CARTA ABERTA
AOS GURUS DA ECONOMIA QUE NOS JULGAM IMBECIS

O que pode dizer um Papai Noel? "Em um mês, você vai ter em seu sapatinho uma opção que valerá tantos francos."

Black e Scholes[3] haviam elaborado uma combinação, uma fórmula, que permitiria determinar de antemão o preço das opções. Essa fórmula fundamenta o preço da opção em: cotação anterior da ação, preço da ação no momento em que a opção é exercida, data em que a opção é exercida, uma taxa de juros ou "preço do tempo" e, finalmente, *in cauda venenum*, a "volatilidade" ou "variabilidade" do preço da ação.

É aí que o papai-noel Merton intervém.

Merton havia demonstrado um teorema que poderíamos chamar de "teorema de excitação". Em resumo: quanto mais arriscado é um mercado, mais um especulador se excita e maior é seu desejo de assumir riscos, o que excita ainda mais o mercado e, mais ainda, os especuladores.

O teorema[4]: "O preço de uma opção é uma função crescente do risco". A explicação é evidente. Como os especuladores são, antes de mais nada, "altistas", ou seja, levam em conta as variações em alta e muitas vezes ignoram variações em baixa, quanto mais fortes as amplitudes de alta, e mesmo que sejam

---

[3] F. Black e M. Scholes, "The Valuation of Option Contracts and a Test of Market Efficiency" (Avaliação dos Contratos de Opção e um Teste de Eficiência do Mercado), *Journal of Finance*, vol. 27, n° 2, maio de 1972; "The Pricing of Options and Corporate Liabilities" (A Fixação de Preços das Opções e Obrigações Financeiras Corporativas), *Journal of Political Economy*, vol. 81, n° 3, 1973.
[4] R. C. Merton, "Theory of Rational Option Pricing" (Teoria da Fixação Racional do Preço das Opções), *Bell Journal of Economics and Management Science*, vol. 4, n° 1, primavera de 1973 (Teorema n° 8).

OBRIGADO, MERTON E SCHOLES

compensadas por igualmente prováveis amplitudes em baixa, é claro que a volatilidade de uma ação, sua capacidade de variar muito em torno de um preço médio, faz crescer o preço de uma opção aos olhos do especulador. Teorema de Merton: "Quanto mais você me excita, mais eu fico excitado."

Merton e Scholes, um com sua fórmula, o outro com seu teorema, foram visitar John Meriwether.

John Meriwether tinha trabalhado como corretor da Bolsa para Salomon Brothers. E tinha discretamente deixado Salomon Brothers em 1991, depois de um confuso negócio em que um de seus sócios havia transmitido ordens falsas ao Federal Bank dos Estados Unidos com a intenção de fazer subir a cotação dos títulos do Estado e de, conhecendo antes de todo mundo a referida alta, ganhar uma boa bolada.

John Meriwether apresentou aos dois papais-noéis um terceiro, papai-noel David Mullins, ex-vice-presidente do Federal Bank. Conhecendo o provérbio "mais vale um bom ladrão do que um honesto comerciante sem sorte", Meriwether acreditava que um conhecedor dos títulos do Tesouro, antes de especular com opções desses mesmos títulos, poderia ser de utilidade.

E é assim que vemos nossos compadres criando o LTCM (Long Term Capital Management). Imaginem um cassino: Meriwether entra. Dois tipos, na entrada, lhe propõem a infalível mutreta, com partilha de lucros. Ele acredita, mas enfia na manga, para qualquer eventualidade, um dos *croupiers*.

O LTCM pôs em jogo aproximadamente 150 bilhões de dólares com uma aplicação de menos de três bilhões. No total, em

CARTA ABERTA
AOS GURUS DA ECONOMIA QUE NOS JULGAM IMBECIS

montante de ativos (sobretudo obrigações), Merton e Scholes manejavam o equivalente ao PIB francês: 1.250 bilhões de dólares. Merton e Scholes (e Meriwether) tinham como clientes os grandes bancos. E também personalidades das finanças que faziam aplicações de, no mínimo, 10 milhões de dólares bloqueados por três anos. Os *big bosses* dos escritórios de corretagem de Wall Street aí colocavam suas economias.

O fato de Merton e Scholes (e Meriwether) terem sido salvos, como sempre, como as cadernetas de poupança americanas que tiveram seu rombo tapado pelas máfias da América do Sul, como o Crédit Lyonnais, como os bancos japoneses com seu furo coberto pela coletividade com bens imóveis mafiosos, não tem na verdade maior importância. Que Merton e Scholes (e Meriwether) sejam o mercado branco dos operadores que são conhecidos e têm crédito por ser proprietários e que dão lições de moral — em oposição ao mercado negro — o da máfia russa ou da família Suharto — também não tem grande importância. Apaixonantes são as lições de economia que dão os Prêmios Nobéis Merton e Scholes. O peixe que eles vendem.

Como sempre, como todos os gurus e todas as pessoas que lêem cartas, Merton e Scholes negociavam com o futuro. Ao contrário dos bruxos cafonas de subúrbio, o mais triste, em seu caso, é que eles acreditavam nisso. Acreditavam realmente em sua trapaça.

Merton e Scholes vendiam uma estratégia supostamente sem riscos sobre um mercado especulativo em que o ganho só existe com risco. Até o mais completo idiota compreende que há uma ligeira contradição no assunto. O modelo de mercado considerado por

OBRIGADO, MERTON E SCHOLES

Merton e Scholes era *efficient* (em bom português, isso significaria: de concorrência pura e perfeita; por conseguinte, com informação privilegiada, sem imprevisíveis acasos). Qualquer manual de gestão financeira ensina que em um mercado financeiro subsiste sempre um risco irredutível. Sistêmico. Incalculável e imprevisível. Merton e Scholes (quem sabe, no fundo, não tinham percebido isso?...) construíram um modelo sem riscos de um mercado em que o risco é irredutível. Merton e Scholes apostavam que as cotações, como em todo mercado perfeito, voltavam espontaneamente ao equilíbrio, que, por sua vez, jogava com a *lei da oferta e da procura*.

O modelo de nossos papais-noéis considera que a evolução das cotações é aleatória, sem dúvida, mas sem descontinuidades, sem maiores acidentes, sem rupturas, sem grandes limites de variação: sem tudo aquilo que faz com que um risco não possa ser probabilizado. A lei dos grandes números não vigora em um mercado de opções. Merton e Scholes afirmavam que uma emissão de opções pode ser feita com risco zero. Algo de deixar pasmos todos os *experts*. Realmente, sua teoria, se pensarmos bem, entra em contradição com a própria lógica do mercado de opções. Evidentemente, sem incerteza, o mercado desapareceria, pois, por definição, para que o mercado exista é preciso que vendedor e comprador tenham expectativas contraditórias. Merton e Scholes, como todos os economistas, divulgaram a velha idéia da transparência do mercado, o mito da previsão perfeita, a ideologia, ainda mais radical do que a do Menino Jesus, da ausência de risco e de incerteza. Em suma, Merton e Scholes veicularam o mito do risco zero. Em um mercado especulativo, não nos cansaremos de repetir, isso é algo realmente genial. Valia mesmo um Nobel.

A mutreta dos dois troca-letras, de certo modo, refinada,

CARTA ABERTA
AOS GURUS DA ECONOMIA QUE NOS JULGAM IMBECIS

passou a fazer parte dos *hard discs* de todos os especuladores do planeta. Esse sistema de venda automática manobrada por computadores explica as grandes flutuações das Bolsas e o *crack* de 1987. Os *experts* acreditaram, depois dos trabalhos de Merton e Scholes, que era — e aqui cito um eminente professor — "possível construir uma carteira de ações sem risco".

A prova disto: LTCM e Merton e Scholes.

Merton e Scholes beberam a poção mágica que faz crescerem os cabelos diante de seus estupefatos clientes. Saíram-se dessa nus em pêlo, mas sem piche e sem plumas, e levando de quebra o reembolso integral de suas "pequenas" aplicações[5].

Merton e Scholes, Prêmio Nobel; vocês merecem um tabefe. Um tabefe assinado Pareto, vulgarizador da "economia pura", *ave*! "Para aquele que soube ganhar milhões", diz Pareto, "seja por bem ou por mal, daremos 10 por 10; para aquele que mal consegue não morrer de fome, daremos 1 por 10; ao escroque hábil que engana as pessoas e consegue escapar impune ao Código Penal, daremos 8, 9 ou 10, segundo o número de tolos que ele tiver conseguido enredar em sua teia e o dinheiro que tiver conseguido subtrair deles."[6] A essência do liberalismo e da concorrência está contida nessa frase de Pareto.

E aos escroques que souberam perder todo o seu dinheiro e se fizeram reembolsar *cash* por um consórcio de bancos damos 100 por 10.

* * *

---

[5] Chegaram mesmo a obter, em janeiro de 1999, uma *prime* de uns 50 milhões, depois que o LTCM lançou de novo o barco ao mar. Pensem nisso, vocês das PME em falência.

[6] *Traité de Sociologie Générale* (Tratado de Sociologia Geral), Paris, 1917, v. 2, p. 1.296.

OBRIGADO, MERTON E SCHOLES

Gérard Debreu, que conhecemos de longa data, é outro Prêmio Nobel, de calibre ainda superior. Jamais teria vendido uma jogada dessas. Mas até ele acreditou na possibilidade de mencionar um mundo sujeito ao tempo, mas sem incerteza. Construiu — juntamente com outros — um "mercado de bens contingentes", que é uma generalização do bom e antigo mercado de concorrência, em que todo mundo sabe tudo sobre todos os bens e todos os preços. Acrescentou-lhe, contudo, o acaso: por exemplo, um guarda-chuva de hoje é diferente de um guarda-chuva amanhã, e um guarda-chuva amanhã, se chover, é diferente de um guarda-chuva amanhã se fizer sol ou se, amanhã, alguém o tiver roubado de mim. O mesmo se pode dizer do risco zero. Ou, o que é ainda pior, do mito da natureza recenseada pela eternidade. Tudo é identificável pelos séculos dos séculos. Não gritemos diante da tentativa de Ubu: há, fundamentalmente, alguma coisa de religioso na economia.

Mas Debreu não teria nunca bebido a poção que ele mesmo propunha. Merton e Scholes o fizeram: jamais lhes agradeceremos suficientemente por isso.

9
O Fundo Monetário Internacional e seu palhaço-mor

Pronto. Basta de doutores. Começamos afinal a compreender por que os *experts* podem vender toda e qualquer coisa que tenham cultivado em sua estufa. Há milhares de *experts*. Mas os mais caricaturais são, indiscutivelmente, os do FMI.

Depois do FMI, chega a não haver mais necessidade de falar sobre as figuras da OCDE, na realidade demasiadamente lambe-botas, ou dos basbaques do Banco Mundial, sempre prontos a censurar-se por haverem desperdiçado dinheiro durante três gerações, no próprio momento em que continuam a fazê-lo[1].

Além disso, o FMI tem um diretor cujas frases deveriam ser todas registradas, vírgula por vírgula, para estourarmos de rir — ou de raiva. Depois que ele for posto a nu, nem adianta mais querer fazer um terno para os outros.

* * *

---

[1] O Banco Mundial, de uns tempos para cá, aplica-se espontaneamente a autoflagelação: *Assessing Aid* (Assessoria de Apoio), relatório por ele publicado em outubro de 1998, mostra como — e aqui cito — "a maré de ajudas estimulou a incompetência, a corrupção e as más políticas". O Banco chega a confessar que a eficácia de sua ação poderia ter sido três ou quatro vezes maior...

CARTA ABERTA
AOS GURUS DA ECONOMIA QUE NOS JULGAM IMBECIS

A falência, no outono de 1998, da Ásia, da Rússia e dos países emergentes em geral, para aos quais o FMI é pródigo em conselhos e em bilhões de dólares, acabou levando, enfim, a instituição ao descrédito. Não por muito tempo: desde novembro, esquecido de sua grotesca atitude em relação à Rússia, onde a máfia o depenou em dezenas de bilhões de dólares; embonecados, saltitantes e em rebuliço, o FMI e seu diretor jogam 41 bilhões de dólares no Brasil, visando a recompensá-lo por sua obediência.

Dois meses depois, o Brasil está à beira da falência. Apesar das taxas de juros de 30% líquidos, ninguém quer saber do real. O plano de austeridade colocado em ação em 1994 só conseguiu fazer uma sangria no país. Os capitais saem. As fábricas, estranguladas por essas taxas astronômicas, fecham. A Ford demite, em 1998, 10.000 pessoas. Os brasileiros pagam taxas de juros assustadoras por seus 150 bilhões de dólares de dívida. Mas fiquemos tranquilos: os 41 bilhões adiantados pelo FMI (dos quais uma dezena já foi desbloqueada) servirão para devolver, aos bancos do Norte que realizaram o empréstimo, 51. Todos estão de acordo quanto a dizer que a gestão do Fundo é uma catástrofe. Mas o Fundo retorna sempre, e sempre com a mesma receita: fatiar a classe média, explorar os pobres, pagar aos ricos.

Como é que se poderia ouvir Camdessus sem rir na cara dele, quando, depois de uma brilhante carreira como tutor das contas de grandes bancos franceses, ele sai para gerenciar as dos pobres da América Latina, da Ásia e da Rússia?

Quando, em fins de setembro de 1998, a Rússia naufragou, em seguida a Ásia e a América Latina, o FMI decidiu-se, apesar

O FUNDO MONETÁRIO INTERNACIONAL E SEU PALHAÇO-MOR

disso, a publicar um relatório sobre... o Japão[2]: "O fato de o Japão não ter sabido responder rápida e claramente a seus problemas econômicos e financeiros contribui para sua debilidade interna", assevera sem hesitações o Fundo. E, transpondo com soberba a porta aberta que ele acaba de forçar, convida o Japão e seus bancos a contratarem uma "autoridade de supervisão financeira independente e formada por pessoas competentes". É esse "competentes" que diz tudo: o Fundo nele se reconhece. Por ocasião de sua sessão de outubro de 1998, o FMI fez circular um gráfico, elementar, do gênero dos que se dão aos estudantes de segundo grau, a fim de explicar-lhes o circuito econômico, só que um pouco mais simplificado*. O que dá uma idéia do nível de reflexão do FMI e de sua capacidade de dirigir a economia mundial. É mais ou menos como se entregássemos o comando de um navio a um piloto com um rádio de galena e uma bússola na mão. Mas o pior é que Camdessus, na névoa, mesmo tendo uma bússola na mão, ainda confunde o Norte com o Sul.

Vale a pena conhecer Camdessus.

Ele faz parte dessa administração que nos oferece brilhantes gestores, da laia dos Haberer, dos Trichet, e que têm a surpreendente faculdade de se controlar uns aos outros com a maior confiança recíproca e hermeticamente fechada. Os regimes passam, os rombos se sucedem, a ENA (Escola Nacional de Administração), a Inspeção e os altos funcionários das Finanças e do Tesouro permanecem. As grandes corporações gestoras do dinhei-

---

[2] Em 21 de setembro de 1998.
* Registrado por *Le Figaro*, entre outros. (N.T.)

CARTA ABERTA
AOS GURUS DA ECONOMIA QUE NOS JULGAM IMBECIS

ro são as que tiveram maior sucesso no vestibular da colaboração. Nenhum daqueles "grandes servidores", cabe assinalar, se rebelou; todos pagaram até o último tostão ao ocupante (apesar de ir nisso um quarto da riqueza francesa) e todos tiveram promoções quando o ocupante saiu. Camdessus, este, em compensação, conseguiu passar incluso no exame final da esquerda. Diretor do Tesouro em 1982, tornou-se, a seguir, como todos e cada um deles, Presidente do Banco da França, depois sucedeu, em 1987, a um Inspetor de Finanças (Larosière) à frente do FMI. Católico fervoroso, é freqüentador assíduo das Semanas Sociais da França, nas quais reza para o Espírito Santo e para os deuses do mercado. Prega a virtude, "a virtude que vem sempre da pressão externa"[3]. A "pressão externa" é uma categoria geral dos oráculos da economia, tal como a "crise", a "confiança", o "rigor" e outros ectoplasmas invocados com fervor — ou com terror.

O México é um exemplo de virtude. O México acredita em tudo que Camdessus diz; é o pobre bem-comportado, no sentido de Camdessus: sofre há mais de uma geração, deixa seus proletários serem sangrados sem proferir um ai! para fabricar os carros americanos, aperta o cinto quando o mandam apertá-lo, esfalfa-se para pagar os juros de sua dívida, recebe algumas sobras do Fundo que lhe dão a possibilidade de manter a cabeça fora da água, a fim de que possa continuar a pagar, exatamente como o asno amarrado à sua nora, ao qual se dão alguns grãos para que ele possa continuar a puxar.

Evidentemente, de vez em quando, o México dobra os joelhos e cai. Camdessus nunca chegou a prever uma crise mexicana, mas vai lá, com seus dólares e sua água benta, socorrê-lo. Em

---
[3] *La Tribune*, 5 de outubro de 1997.

O FUNDO MONETÁRIO INTERNACIONAL E SEU PALHAÇO-MOR

dezembro de 1994, surpreendido pela crise, ele conseguiu encaminhar 50 bilhões a esse pobrezinho bem-comportado, dinheiro que salvaria os bancos americanos e europeus, credores do México, que lhes passou incontinenti os 50 bilhões em questão. Em 1998, o México desabou novamente. Isso tem algo de Cristo que deve agradar ao beato.

Além de rigor, o FMI faz apelo à "transparência". "Transparência" é a palavra mais aviltada do discurso do *expert*, juntamente com a palavra "confiança". O FMI obriga seus países membros a porem todas as cartas na mesa, sobretudo a declarar seus níveis de reserva cambial e a dar indicações quanto ao endividamento do setor privado e dos bancos.

A transparência está no próprio centro da concorrência: se eu sei o que se pratica em outro lugar, efetuo cálculos racionais de investimento ou algo semelhante. O equilíbrio da concorrência, com todas as suas maravilhosas virtudes de eficácia e de otimização, supõe, evidentemente, uma "informação completa". Uma bola de cristal. Sabe-se tudo, a respeito de tudo, em toda parte e até pelos séculos dos séculos. Mais uma vez, o lado "divino" do conceito de mercado. Resumo: a partir do momento em que haja um pouco de incerteza, tudo começa a esboroar-se. Intervêm situações de "risco moral" (o mau dirigente; o que o Seguro não sabe; alguém que administra mal porque sabe que será coberto pela coletividade dos "bons dirigentes"; se a informação fosse perfeita, o mau dirigente pagaria de imediato mais caro), a ineficácia, a falta de equilíbrio etc.[4]

---

[4] Com que se deleitam, como vimos, nossos companheiros casuístas da teoria dos jogos.

CARTA ABERTA
AOS GURUS DA ECONOMIA QUE NOS JULGAM IMBECIS

Ora, a característica das economias modernas (e, sem dúvida, a característica eterna das economias) é a opacidade. O dinheiro do câmbio negro, as contabilidades manipuladas, as perdas que aparecem subitamente nos balanços, sem razão alguma, os sigilos bancários ou outros, os delitos dos iniciados: tudo é opaco. Ninguém (e muito menos o FMI) é capaz de dizer qual o lastro real dos *hedge funds*, os fundos especulativos que aplicam entre 50 e 100 vezes o capital que não têm. Pensemos um pouco: se se soubesse tudo de tudo (isto é, se a "transparência" existisse), *ninguém teria lucro.* Os lucros existem, sobretudo no caso da Bolsa, porque não se sabe o que os outros vão fazer: pode-se apenas prever. O que não é em absoluto a mesma coisa. Se a economia fosse uma bola de cristal, saberíamos, a cada momento, onde estão as oportunidades de lucro, a concorrência estaria realmente em jogo, e os lucros seriam nulos. A economia pararia. Não haveria mais novos produtos, novas patentes, todo mundo saberia instantaneamente o que todo mundo iria fazer, e ninguém faria nada. A noção de "transparência", ou de "informação completa", que é o próprio centro do sistema de Walras, é, sem dúvida, o fundamento do "equilíbrio", em que tudo fica morto, nada mais se move, mas é certamente também uma das mais absurdas que existem.

Dizer "precisamos de mais transparência" ou "temos que restabelecer a confiança" — *slogans* tão caros aos políticos — é algo que não tem a menor validade. É um voto de devotos. A devoção do FMI é tal, que ele não consegue dizer mais do que isso. Aliás, ele é o primeiro a não fazer o que diz: recusa-se a publicar o conteúdo de suas consultas aos países membros. Ou melhor; ele mesmo não sabe quanto tem em caixa. Em setembro de 1998, quando Camdessus se lamuriava no Congresso americano dizendo que tinha quatro ou cinco bilhões de dóla-

O FUNDO MONETÁRIO INTERNACIONAL E SEU PALHAÇO-MOR

res em caixa, o senador Jim Saxton, presidente da Comissão Econômica do Congresso, depois de um breve cálculo, demonstrou facilmente que ele ainda possuía 70 bilhões.

Apelando para a "transparência" em meio a uma selva de opacidade, o FMI assemelha-se, de certo modo, a um carregador de ventiladores sob um bombardeio de *napalm*. Pode evocar o que quiser; isto não dá de comer a quem tem fome, sobretudo nos países em que, graças a ele, não há mais pão. Ele jogou uma centena de bilhões na Ásia, uma dezena na Rússia — logo apanhados pela máfia, que trocou seus rublos e os enviou para os Estados Unidos, coisa muito humana. Só que ele provocou uma catástrofe monetária, atirando gasolina num incêndio, e fica raposamente clamando por transparência, porque não sabe de quanto depenou seus membros... Mas, choraminga ele, Moscou havia prometido não desvalorizar sua moeda para obter a ajuda, e, logo que a conseguiram, eles desvalorizaram! Oh! Isso não é transparência! A portas fechadas, ao que parece, percebendo o próprio ridículo, os *experts* do FMI desaprovaram essa máscara de ajuda condicional...[5]

Esse tipo de coragem nada tem de surpreendente. Coragem de *expert*. Que sabe, mas, mesmo assim, faz. Parece que Camdessus teria até pensado em demitir-se para não ter que caucionar um novo fracasso... Que nobreza! Que grandeza de alma! Mas será que esse homem que fica remetendo à transparência ou exigindo clareza estaria cego a ponto de crer-se indispensável? "É mais ou menos como se você quisesse ir para o trabalho de carro, dispondo apenas de uma bicicleta: o FMI é uma

---

[5] Charles Wyplosz, no *Libération* de 28 de setembro de 1998.

**CARTA ABERTA
AOS GURUS DA ECONOMIA QUE NOS JULGAM IMBECIS**

bicicleta, mas é tudo que temos." (Alan Greenspan, presidente do Federal Reserve).

Que seja. Mas que o Sr. Camdessus abaixe um pouco mais a cabeça; assim, pelo menos teria o ar de um atleta de corridas.

10

Camdessus tem humores

É isto mesmo: a Rússia, em troca de um plano de salvamento de 22 bilhões de dólares, havia prometido não se sabe bem o quê. Aliás, que poderia ela prometer? Arrecadar mais impostos? Isso ela não tem como fazer, a não ser nacionalizando a vodca, o que, de fato, acaba de fazer, sabendo quão difícil é para pessoas em jejum ir beber em local distante. O FMI desbloqueou uma primeira parcela, a Rússia imediatamente parou de pagar e, ridicularizado, o FMI declarou, solene: "O mundo (sic) deu-se conta de que, no plano econômico, a Rússia tem o mesmo peso que os Países Baixos. Terá, pois, que conviver com o caos durante algum tempo"[1]. E não conseguimos imaginar o que poderia fazer o FMI a não ser "conviver com esse caos".

Leonid Albakin, conselheiro de Yeltsin, avaliou a fuga de capitais em 140 bilhões de dólares a partir de 1992, e esse girar incessante (o Fundo emprestar um dinheiro que, em seguida, vai ser recolocado nos Estados Unidos) não pode deixar de ser

---
[1] *Le Monde*, 14 de outubro de 1998.

CARTA ABERTA
AOS GURUS DA ECONOMIA QUE NOS JULGAM IMBECIS

comparado ao que ele havia criado, por volta dos anos 80, juntamente com o Banco Mundial, para os países da América Latina. Naquela época, estimava-se que 70% da ajuda era reciclada, com lucro, pelas máfias de especuladores de todo tipo para o Ocidente, dinheiro este que saía de novo para fazer seu pé-de-meia na América Latina e voltava novamente para os Estados Unidos etc. Depois disso, o Banco Mundial pôs água em seu vinho. Ele, que financiava sistematicamente elefantes brancos, tornou-se mais prudente, compreendeu que sua ação era mais desestabilizadora do que de desenvolvimento (levando à ruina setores vitais e ampliando o número de favelas) e que era preciso deixar os autóctones criarem seu próprio desenvolvimento. Esta curiosa virada antiprodutivista — algo semelhante à possibilidade de que o Crédito Agrícola, além de estimular a periferia, começasse a interessar-se pela vida no campo — levou os economistas do Banco Mundial a afastarem-se da ortodoxia econômica e, por tal, a oporem-se aos do FMI. Joseph Stiglitz, diretor dos economistas do Banco, criticou Michel Camdessus, diretor do FMI, por suas concepções "estreitas" (a palavra é delicada...) em matéria de análise da crise internacional.

    Joseph Stiglitz é um grande economista[2]. No mínimo, bem mais do que um tecnocrata reciclado em contabilidade. Notável, porém, é sua prudência. Ele afirma que não se pode dizer muita coisa. Que a flexibilidade e a pilotagem à vista são, sem dúvida, nestes tempos de incerteza, o que pode haver de

---

[2] Devemos a ele pesquisas de grande profundidade sobre a ineficácia dos mercados e o "paradoxo de Stiglitz", demonstrando a impossibilidade de mercados da Bolsa eficientes. Ver "The Inefficiency of the Stock Market Equilibrium" (A Ineficiência do Equilíbrio do Mercado de Estoques), *Review of Economic Studies*, vol. 64, n.º 1, 1982. pp. 241-62.

CAMDESSUS TEM HUMORES

melhor. Sem faltar com a modéstia, ainda por cima. Mussa, o chefe dos do FMI, acusou os economistas do Banco Mundial de "fumarem outras substâncias além das legais". Grande economista, esse Mussa.

Desde então, o Sr. Camdessus tornou-se mais modesto. Por ocasião do salvamento do LCTM, nada disse. Claro, tratava-se simplesmente de salvar a fortuna pessoal de gurus bilionários das finanças, ávidos por abocanhar alguns milhares de dólares a mais. David Komansky, que dirige o maior escritório de corretagem do mundo, Merryl Lynch, James Cayne, dirigente de Bear Sterns, outro grande escritório da Wall Street, e Donald Marron, diretor do escritório Paine Weber, nele depositavam seus 10 milhões de dólares. Tanto quanto ou mais do que outras pessoas insaciáveis. No ano passado, o próprio Meriwether, diretor do fundo especulativo, lhes sugerira ficarem calmos, mas retirarem de lá uma parte de suas quotas. Vendo-se ameaçados de falência, o Banco Central americano veio salvar os bilionários. *Demonstrando exatamente o que Camdessus reprova nos países "subdesenvolvidos"*: a espantosa ligação entre o poder político e os grandes interesses privados. Entre Meriwether e os outros, que captam o maná público, e Suharto e sua família, que captam o maná do FMI, não há a menor diferença. Onde estão os que ficam dando lições de moral? Onde está o "moralista" Camdessus, que apregoa com tanta facilidade o rigor, o esforço e o perdão das ofensas?

CARTA ABERTA
AOS GURUS DA ECONOMIA QUE NOS JULGAM IMBECIS

Em entrevista ao *Figaro*[3], o Sr. Camdessus, arregaçando suas mangas de seda fina, reconhecia "ter perdido a primeira parada". Essa entrevista é um modelo de linguagem econômica carregada da propaganda política. E nem sequer de linguagem mais refinada, mas, sim, entremeada com os chavões e frases feitas do jargão mais vulgar, repetidos de modo a colar nas mentes. Nela juntam-se todos os lugares-comuns do discurso *expert*. Em certo sentido, é um modelo de retórica *expert* e deveria ser objeto obrigatório de análise por parte dos candidatos a *expert*. Para entrar na OCDE, por exemplo.

Nela encontramos o problema que é "estrutural, mas é também cultural", "o mundo cada vez mais sofisticado", "a necessidade de restabelecer a confiança", o eterno apelo à "transparência" e as duas ou três peças falsas que não podemos evitar de considerar como casas feitas para que se possa fechar com botões a camisa da opinião pública: a necessidade de flexibilização do trabalho (mexam-se, pobres, o que isso, não fiquem aí, plantados em seus privilégios! Em abril de 1998, antes de todas essas desordens resultantes de sua má gestão, Camdessus alfinetava o "mercado de trabalho francês", pedindo um pouco mais de flexibilidade... Há quanto tempo ele, que quer flexibilizar os outros, está reinando em seu posto?); a necessidade de aporte de capitais para o desenvolvimento (agradeçam aos ricos, vejam, estão lhes trazendo capitais! Temos que contar isso para a América do Sul[4]; finalmente, apesar de tudo, as razões de uma certa auto-satisfação: na qualidade de trabalhador que deu duro

---

[3] *Le Figaro*, 23 de setembro de 1998.
[4] Ou para a Ásia, onde o desenvolvimento foi autocentrado e onde "os programas restritivos do FMI agravaram uma recessão já forte". Cepii (Centro de Estudos Prospectivos e de Informação Internacional), Relatório de 23 de setembro de 1998.

CAMDESSUS TEM HUMORES

e que merece certa consideração, o Sr. Camdessus gostaria que lhe agradecessem por sua "ação em favor dos pobres da Indonésia e da Coréia, desmantelando os monopólios". Sobretudo na Indonésia, onde Suharto tinha mandado atirar sobre a multidão depois de ter passado a mão no maná do FMI. De acordo, "obrigado, Senhor Camdessus" deveria ser fornecido como palavra de ordem para as faixas nas próximas manifestações na Indonésia.

Ah! É claro que o superior dos jesuítas reconhece que "o FMI não havia previsto a violência do vírus de contágio da crise asiática sobre os mercados financeiros que atingiu os lugares mais inesperados"[5]. Vírus, contágio, sente-se o médico de Molière sob a sotaina... "Nós cometemos erros, sim. Não nos preocupamos suficientemente cedo com as informações referentes à circulação de capitais a curto prazo... É que simplesmente nossos Estados membros não dispunham de mecanismos de informações antes da crise." Mas que declaração! Que confissão! Em síntese: nós não sabíamos, mas agíamos como se... Tem mais: "Deveríamos ter-nos empenhado mais cedo pela vigilância do setor bancário." Belisquem-me, por favor... Se o banco dos bancos, antes de qualquer outra coisa, não vigia atentamente seus próprios bancos, o que é que ele faz? Apenas faz gestões no sentido de que todos os negociantes inescrupulosos e cheios de truques que freqüentam diariamente suas baias recuperem tudo aquilo que está mais ou menos em caixa nos países emergentes? Tem Camdessus alguma outra atividade além da de ferreiro dos bens públicos no Leste e no Sul?

---

[5] *Le Monde*, 5 de outubro de 1998.

CARTA ABERTA
AOS GURUS DA ECONOMIA QUE NOS JULGAM IMBECIS

Ou será que ele vai pedir desculpas? Está em moda no momento. Não. Ele apenas lembra que fez soar o alarme de imediato depois da crise mexicana de 1990. Ah, sei... Ufa! Podemos ficar tranqüilos! Ele soou o alarme, drilim, drilim...

Pouco importa que o FMI revise três ou quatro vezes suas previsões de crescimento em menos de seis meses (de 3,7% para 3,1% e depois para 2%[6]); de qualquer forma, isso não tem a menor importância. Reflitamos um pouco: se tivesse realmente importância, o FMI não poderia afirmar tudo e seu contrário (um crescimento enorme e um crescimento fraco) com seis meses de intervalo. Na verdade, o FMI "fareja" o crescimento porque sente o ar dos mercados que estão bem; e anuncia a recessão porque vê os mercados em baixa; e pode, então, trombetear que os mercados seguem o fremir de suas narinas.

O FMI pode, por conseguinte, persistir e ficar batendo na mesma tecla, como diz, não sem certo cinismo, um de seus dirigentes[7], que se orgulha de ter "aconselhado e ajudado a Rússia", isto é, a máfia de lá. E insistir em sua "verdade": o Estado, mais uma vez, comportou-se mal. Naquele momento ele não foi Estado bastante: não recolheu impostos. O Estado, por definição, sempre se comporta mal. *Exit* o Estado. Deixem agir os mercados. Porque, se vocês lhes puserem freios, eles viram mercados negros: a ameaça do mercado negro é o argumento último do liberal que garante que, se tanto faz ter mer-

---

[6] *La Tribune*, 1º de outubro de 1998.
[7] Christian Brachet, "Le FMI persiste et signe" (O FMI persiste e assina embaixo), *Le Monde* de 16 de setembro de 1998.

CAMDESSUS TEM HUMORES

cado ou não ter, é melhor ter um mercado branco. Evidente: deixem que se faça o comércio de bebidas, de rins e de crianças; senão, ele será feito do mesmo jeito e a um preço proibitivo.

Tratado como um imbecil feliz, como cretino obstinadamente confiante, posto em questão, enfim!, quanto à sua competência, o FMI achou que era preciso agir rápido. Decidiu apelar para uma agência de comunicação (autêntica). Depois disso, refez a fachada: agora se mostra pessimista. Não tendo visto a catástrofe aproximar-se e tendo-a recebido em plena cara, pôs-se a rosnar alto que o que viria depois seria catastrófico. Depois de terem entoado o coro dos anjos, apelam para o lobo. Tudo passou a servir para meter medo. "A Zona Euro está vulnerável!" Ou, doutoral: "O Governo russo precisa de uma estratégia clara!" E os homens das poções mágicas deram meia-volta depois de rearrumadas suas buretas.

É evidente que o FMI mereceu ser chamado, com toda a justiça, de irresponsável. Mas logo voltou atrás: o risco de recessão mundial deve ser considerado iminente?, pergunta-se ao FMI. "Não", diz Michael Mussa, chefe dos economistas e diretor de pesquisas no FMI (quem sabe o que esse ilustre senhor deve estar pesquisando?). "Não, porque o PIB mundial não retrocede há 30 anos." Genial. Se ele não recuou no espaço de 30 anos, pode igualmente manter-se por 31, CQD (como queríamos demonstrar). Realmente, repitamos, o que esse sujeito pode estar pesquisando? Esse Sr. Mussa ignora, sem dúvida, que o PIB da Indonésia, a quem ele emprestou duas dezenas de bilhões de dólares, foi dividido por quatro. E a recessão de mais de 10% prevista pelo próprio FMI para a Ásia não é recessão?

CARTA ABERTA
AOS GURUS DA ECONOMIA QUE NOS JULGAM IMBECIS

Mas a Ásia não é o mundo. A Indonésia também não é o mundo; são só agitadores sobre os quais a polícia atira. É a tese stalinista do "globalmente positivo" em versão FMI: o PIB do mundo está aumentando. Não importa que a riqueza de alguns ricos vá às alturas e a pobreza de milhões de pobres cresça cada vez mais; basta somar, dividir por dois, e o FMI fica satisfeito.

Nem sempre, contudo. Por exemplo, de todo, ele não está satisfeito com o fato de terem atirado sobre a multidão na Indonésia. Esses pobres não sabem se controlar. "Eu não havia previsto que o Exército iria atirar sobre a multidão... Na Indonésia, nós estamos enfrentando um problema inteiramente novo."[8] Novo? É? Ora, é fácil, FMI! Um dedo de mercado, uma pincelada de equilíbrio, três gotas de rigor, uma raspa de privatização e 300 gramas de confiança, e tudo melhora; você vai ver as lágrimas secarem e os sorrisos despontarem. Evidente que sim: "Nada é mais social do que o que nós fazemos. Nada é mais importante para o ser humano do que o restabelecimento das condições de funcionamento normal de uma economia. Nada é mais social do que a estabilidade."[9] Literalmente. Juro que não mudei uma vírgula.

Há quem chore? Quem exploda em riso nervoso? Que se exija para os assassinados de Jacarta um monumento tendo na fachada a inscrição: *Aos mortos, pelos grandes equilíbrios*. Não, não, algo melhor: *Aos mortos, em nome dos fundamentos*. Os "fundamentos"... Estamos em plena metafísica! Quem sabe eles estão no paraíso para receber os miseráveis?

* * *

---

[8] Michel Camdessus, para *La Tribune*, 26 de junho de 1998.
[9] *Ibid.*

CAMDESSUS TEM HUMORES

Camdessus, Mussa e os "pesquisadores" passaram a recomendar um afrouxamento das políticas monetárias e também um pouco mais de poder, e, suponho, de dinheiro para eles próprios. Apesar de tudo. É inacreditável! Durante anos, esses senhores nos explicaram que o *rigor* e mais isso e mais aquilo levavam ao crescimento e à paz. E, agora, é o *relaxamento do rigor* que leva ao crescimento e à tranqüilidade. Rigor excessivo mata o rigor; é isso, FMI? Mas uma pletora de asnos não obriga a zurrar, como se diz em minha terra. Que ciência permite afirmar, num dia, que a Terra é redonda e, no dia seguinte, que ela é plana ou, em suma, que ela é plana porque é muito pouco redonda? Em que discurso, a não ser no de um *expert* em economia, alguém se pode permitir uma mistura recheada de estatísticas revisadas a cada três meses, ao sabor dos humores? Em que discurso, a não ser no do Mussa, podem ser exigidos mais poder[10] e mais dinheiro depois de uma série de inconseqüências? Pelo amor de Deus, nomeiem de uma vez Haberer dono do FMI!

Mussa, "pesquisadores" e todos os mais de mente estreita, grandes salários e grandes limusines vão, um dia só, aos subúrbios. Por uma hora que seja. E, chegando lá, pensem nos "fundamentos".

---

[10] Sobretudo ampliação de seu papel no controle dos capitais. Ou na recuperação dos poderes do banco de regulamentações internacionais em matéria de controle dos bancos (*ratios* prudenciais).

11

O vampiro diante do espelho

O AMI (Acordo Multilateral de Investimento), negociado na maciota pelos espadachins da OCDE em proveito das multinacionais, tinha estourado, como o vampiro, ao aparecer à luz do dia. A história do AMI demonstra que os *experts* da OCDE não são apenas incompetentes, mas também inconsistentes[1].

Camdessus na rádio assemelha-se a um vampiro, vampiro do tipo vitoriano, diante do espelho.

Como todos os vitorianos, Camdessus diz e apregoa mais do que é preciso em termos de ética, de moral. Ninguém se mostrou mais preocupado com as almas do que a Rainha Vitória, amante de um palafreneiro que fazia as almas saírem dos corpos a golpes de fuzil de seus soldados nas minas do País de Gales ou nas ruas de Bombaim. "Deus" está escrito na cédula do dólar. O capitalismo selvagem não pode existir sem a transcendência e sem a idéia de que os pobres que tiverem sofrido toda uma vida serão recompensados por algumas eternidades com música celestial; e que os ricos são os eleitos de Deus na Terra — a pro-

---

[1] Ler *Lumière sur l'AMI. Le test de Dracula* (Luz sobre o AMI: o teste de Drácula), Comentário sobre a mundialização, 7/9 trecho Dagorno, 75020 Paris.

CARTA ABERTA
AOS GURUS DA ECONOMIA QUE NOS JULGAM IMBECIS

va disso é que eles praticam a caridade, como Camdessus. É provável que o LTCM, o fundo especulativo em que os bilionários americanos colocam suas economias de 10 milhões de dólares na abertura de conta — não menos —, só exista porque um procurador, Kenneth Starr, encarrega-se de mobilizar as massas para examinar com lupa a braguilha de um presidente. Camdessus, protótipo do que Lytton Strachey, amigo de Keynes, chamava de "os eminentes vitorianos", não parou de afirmar que só tem de prestar contas de sua política a Deus[2].

No France-Inter (de 20 de outubro de 1998), ele se mostra deliciosamente afável. Faz o elogio da ética e, por conseguinte, de Amartya Sen, o mais recente Prêmio Nobel, "o homem que realiza o casamento da economia e da ética", como ele. Será que Camdessus sabe que Sen é o grande especialista do teorema de Arrow, o teorema sobre o qual os economistas mais escreveram? Não. Será que ele leu Sen? Evidentemente, não. Ele não recorreria, para ilustrar Sen, à fábula do padeiro e do açougueiro de Adam Smith: "Não é da boa vontade do açougueiro, do comerciante de cerveja ou do padeiro que esperamos nossa felicidade; é muito mais do zelo que eles dedicam a seus próprios interesses. Nós não nos dirigimos à sua humanidade e sim a seu egoísmo; e não é nunca sobre nossas necessidades que lhes falamos, é sempre sobre suas vantagens[3]." Camdessus retoma exatamente a fábula de Smith, dizendo no ar: "É preciso que do egoísmo dos Estados brote o interesse do mundo." É o ABC do liberalismo, o liberalismo mais escancarado, de uma imbecilidade das mais crassas. O autor da "teoria dos sentimentos morais", Adam

---

[2] Ver, por exemplo, seu retrato no *Libération* de janeiro de 1999.
[3] Adam Smith, *Recherches sur la nature et les causes de la richesse des nations* (Indagações sobre a natureza e a causa da riqueza das nações), 1776, p. 105.

O VAMPIRO DIANTE DO ESPELHO

Smith, moralista, "mesmo quando fazia ver que as trocas mutuamente vantajosas são muito comuns, não afirma que o egoísmo por si só seja capaz de garantir uma boa sociedade. *Na realidade, ele afirmava precisamente o contrário.* Ele não fazia a salvação econômica depender de uma motivação única"[4].

Sen, formado nas escolas anglo-saxônicas, tem grande dificuldade em sair do individualismo metodológico (o axioma segundo o qual uma sociedade pode ser reduzida a uma poeira de indivíduos, axioma este que causa horror a todo e qualquer antropólogo), mas tem o grande mérito de refletir com base na ética e não poderia jamais endossar esta afirmação camdessusiana: "Os Estados têm que ser monstros frios e inteligentes." O pensamento liberal de Camdessus está para Smith como o do chefe de um *goulag* deveria estar em relação a Karl Marx: um tanto ou quanto simplificador.

Camdessus, porém, defende-se corajosamente: a crise? A culpa é dos outros! Dos Bancos Centrais, que não souberam baixar suas taxas de juros, dos japoneses, que não querem pôr as coisas em ordem, e do Congresso americano, que não lhe quer dar dinheiro suficiente para que ele possa dilapidá-lo tranqüilamente a torto e a direito.

"A equipe de economistas do FMI é a melhor do mundo. É normal que o mundo se ofereça isso." Por parte de um câncer em economia, que visivelmente não leu Adam Smith e não sabe sequer o que é um mercado, não está mal... Pois a melhor equipe do mundo, no momento da crise asiática, reuniu-se durante dois dias. "Um retiro de dois dias em Washington." Retiro... Expulsa-se o pároco, e ele volta, linguagem em sotaina. Durante

---

[4] Amartya Sen, *Ethique et Économie* (Ética e Economia), Paris, PUF, 1987, p. 25. Grifo do autor.

CARTA ABERTA
AOS GURUS DA ECONOMIA QUE NOS JULGAM IMBECIS

esse "retiro", os "gurus econômicos" (*sic*) diagnosticaram suas responsabilidades. De quem é a culpa? Ora vejam, é dos pobres! "De onde nasce a crise asiática? Do fato de a Tailândia e a Coréia não terem percebido que estavam à beira do abismo... Elas deviam ter dito a verdade aos mercados."

Mas claro! Todos esses especuladores, coitadinhos, a começar por toda uma lista de bancos americanos e europeus, que lá balancearam uma liquidez das mais suspeitas para repatriá-la bem sequinha a partir do momento em que se sentiu cheiro de queimado (a fuga para a "realidade"...), deveriam ter sido informados, apesar de tudo, dos riscos que estavam assumindo ao acabar com as economias locais... Pobres, vocês não foram corretos, não tendo demonstrado suficientemente que eram pobres... Digam a verdade aos senhores... Digam a verdade aos mercados! "Os mercados têm que voltar a ter confiança!"

Onipresença, onipresença dos mercados, que devem ser tranqüilizados, acarinhados, adorados, amados, embalados, pobres inquietos... Pobres bilionários do LTCM, inquietos como os cabritos monteses ao menor sopro de vento nos arbustos... "O capital é tão medroso quanto um cabrito montês." (Karl Marx).

Pobres, vocês têm que nos dar garantias, dizer-nos que serão sempre bons pobres; senão, mandamos sobre vocês Suharto e sua tropa, tal como antigamente se enviava a tropa da Rainha Vitória. E Camdessus continua por mais uns 10 minutos, acrescentando algo sobre a "confiança" e a "transparência".

De novo e sempre, essa tal de "transparência". Amigo leitor, perdoe-me, eu vou acabar divagando, mas essas palavras de

O VAMPIRO DIANTE DO ESPELHO

cunho religioso, "confiança" e "transparência", deixam-me doente.

Será que Camdessus realmente ignora que um mercado só funciona com base na previsão, isto é, na opacidade, na qualidade do "iniciado"? Que não se pode fazer fortuna a não ser "que se adivinhe, em meio à multidão, antes dos outros, o que a multidão vai fazer" (Keynes)? Será possível que ele não tenha a menor idéia, nesse sentido, da realidade dos mercados? "Transparência"... Quando escuto essa palavra a respeito de um sistema em que a opacidade é o princípio de funcionamento, eu puxo meu saquinho de bombons e minha barba de Papai Noel.

"Transparência"... A utopia liberal do lucro nulo e do sistema que existe totalmente em proveito do consumidor... Senhor Camdessus, se deseja algum lucro, tem que haver opacidade, perturbação, barulho, a informação privilegiada que alguns têm e outros não. Há 200 anos o capitalismo funciona com base na gestão do risco e da previsão... O "temperamento sangüíneo dos empresários", dizia Keynes, que sabia pertinentemente que não há diferença alguma entre um empresário e um especulador, que são da mesma madeira com que se fazem móveis raros de um lado e matracas do outro...

"Transparência"... Será que o senhor é ingênuo a esse ponto? Ingênuo a ponto de exigir uma "melhor gestão dos riscos" e medidas que "garantam as previsões", todas essas tortas de creme que um dia vamos ter que lhe jogar no rosto — são de açúcar; não farão mal! O senhor não sabe que os mercados de derivativos, os mercados especulativos, que se dizem gestionários dos riscos, são acumulações de especulação sobre especulação? Da especulação que se supõe diminuir com a especulação? Não sabe que esses mercados acrescentam ao risco a incerteza? E que

CARTA ABERTA
AOS GURUS DA ECONOMIA QUE NOS JULGAM IMBECIS

só vivem disso? Ora, por favor, saia um pouco de sua toca! Leia alguma coisa! Leia Maurice Allais em *Le Figaro*[5], já que o senhor gosta tanto dos Prêmios Nobéis! Leia Sen, que lhe explicará — ou tentará explicar-lhe, já que é tão difícil — a complexidade da interdependência... E o senhor não terá mais a ousadia de sair contando a fábula da "transparência".

Mas será que o senhor é mesmo nulo a esse ponto? E se, no fundo, o senhor soubesse e só estivesse fazendo isso para anestesiar as pessoas crédulas, como seus predecessores fizeram em igrejas de todos os tempos? Se o senhor não passasse de um sujeito que sabe, mas se cala? Não. O senhor é um liberal medíocre, um cretino que crê na *lei da oferta e da procura*, como o tolo Billancourt, que "acreditava" na luta de classes — "a culpa de tudo isso é da luta de classes, Marcel; tudo isso ocorre por culpa da pouca transparência, Mimile" — e não queria enxergar o *gulag*.

No entanto... Quando critica a taxa Tobin, o senhor usa uma retórica reacionária das mais retrógradas (leia Hirshman, que nele verá seu retrato[6]). A taxa Tobin é um projeto de taxação ínfima (0,1%) sobre os movimentos de capitais nos mercados monetários: cada vez que o dinheiro é transformado de dólares em francos, o imposto dele extrairia essa parcela mínima. E que argumentos o senhor utiliza? 1. Tobin ("de quem eu gosto muito" — sempre se gosta muito daqueles a quem se vai atacar) quer fazer o bem, mas, como todas as pessoas que querem fazer o bem, vai mostrar-se rígido. 2. Sua taxa não vai funcionar porque

---

[5] *Le Figaro*, 19 de outubro de 1998.
[6] *Deux siècles de rhétorique réactionnaire* (Dois séculos de retórica reacionária), Paris, Fayard, 1979.

ela teria que ser aplicada em todos os lugares. "Ora, há tantos paraísos fiscais..." Mas é claro que há, Camdessus! Há também tantos criminosos, que é absurdo querer lutar contra o crime, não é verdade? Que "socialização" é essa? Por que esse mundialismo repentino, Camdessus? Só porque não se consegue pôr a mão em quem mata 10 pessoas, tem-se que deixar em paz aquele que trucida duas? É em nome da liberdade do pequeno poupador, que coloca seus 500 francos na caderneta de poupança, que o senhor não quer assumir o risco de assustar aquele que coloca seus 10 milhões de dólares no LTCM?

"Eu, que lutei tanto contra a especulação"— ah, nós estamos lembrados! O senhor foi realmente brilhante! Sobretudo quando aconselhou Mauroy a adotar taxas de juros de 20%! Que asneira! Um crime! —, portanto, "Eu, que lutei tanto contra a especulação, sei que seria necessária uma taxação de 300% ou 400% e não de 0,1%..."

Ou seja, se a taxa Tobin não vai poder funcionar, é porque ela não é suficientemente alta; é isso que o senhor quer dizer? Não é de 0,1% que ela deveria ser e sim de 400%?

A velha retórica reacionária da impotência! Precisaríamos no mínimo da bomba atômica; então, nada de cassetetes... Deixemos que façam o que quiserem. Quem está interessado em deixar as coisas como estão, Camdessus? Quem está interessado no "fim da História"? Stalin teria tido interesse em que a necessidade histórica do socialismo, a sua, fosse posta em questão? Quem está interessado em que a especulação perdure? Os miliardários do LTCM ou os pobres da Tailândia? Quem tem interesse, Camdessus, em que Camdessus fique eternamente contando as belezas e benesses do deus Mercado? A quem compensa o crime do mercado?

CARTA ABERTA
AOS GURUS DA ECONOMIA QUE NOS JULGAM IMBECIS

Espere... Você está é debochando de nós? Você não está nem aí para nós (*sic*), como um ouvinte da França-Inter ousou finalmente dizer!

"Nossa equipe de economistas é a melhor do mundo", balbucia pela segunda vez, à guisa de resposta e um tanto sem graça, o melhor dos melhores economistas. "Nossos economistas fizeram maravilhas na Rússia." Imbecil? Cínico? Outro ouvinte, exaltando-se, perguntou-lhe se ele não se incomodava de ter jogado tanto dinheiro nos bolsos da máfia russa. "É óbvio que não me dá prazer saber que a máfia russa gasta à tripa forra na Riviera..." E quando os miliardários do LTCM, que perderam na especulação, se fazem reembolsar pelo bancos do Senhor Todo-o-Mundo, será que isso lhe dá prazer? É um tanto ou quanto mafioso isso também. Ou não é? A máfia tendo crédito ilimitado na praça? O câmbio negro, a máfia... Tudo isso tem a ver com o senhor. "Provem que a máfia ficou com o dinheiro do FMI!", retruca ele de repente. Tem razão. Impossível de ser comprovado. Não se consegue encontrar o ouro do FMI. Já está nas Ilhas Cayman. Só sabemos que os ricos estão mais ricos e os pobres estão mais pobres. Amém.

E, como ele não pára de brandir a legitimidade de seu serviçal organismo, dos 182 países membros que lhe deram a função de fazer sua desastrada política, um jornalista, enojado, finalmente lhe lança no rosto — e é preciso certa coragem para fazê-lo diretamente, no ar: "O que o senhor diz não é verdade!"

O senhor é um mentiroso. O senhor se fantasia com a legitimidade dos 182 países membros, exatamente como Bill Gates se mascara com a legitimidade do pequeno acionista de Arkan-

O VAMPIRO DIANTE DO ESPELHO

sas. Que desfaçatez, quando se pensa nisso! O senhor acha, realmente, que as pessoas são imbecis. Sabe muito bem que os direitos de voto, como em uma sociedade anônima, são proporcionais ao poder contributivo dos Estados; que os Estados Unidos dominam o FMI (o senhor tinha acabado de dizer que eles haviam autorizado a alta das quotas-partes!) e lhe dão ordens; e que o senhor, o senhor mesmo, bate suas esporas em continência a eles. Juntamente com os melhores economistas, bonecos ventríloquos daqueles que dão ordens a vocês.

Ora vamos, confesse, Senhor Camdessus.

12

Os rapazes do segundo time

Que é que se pode pedir aos do "segundo time", aqueles que põem a "realidade" econômica em cifras? Para serem lúcidos (eles são) e independentes (eles não são). É quase impossível. A "estatística", que cruza a autoridade do Estado com a autoridade da ciência (o cálculo das probabilidades e a econometria), nasceu para servir ao Príncipe. Vichy fez com que a estatística explodisse na França, multiplicando por 10 o número de funcionários do futuro Insee*. A estatística classifica, põe em quadrículas, compartimenta e, sobretudo, assume, sob uma ética gélida, fria, brutal e inabalável, a retórica da cifra.

A estatística eufemiza o discurso político. A "neutralidade" do número remete à autoridade científica, ao discurso "competente". O discurso de autoridade não é feito para ser compreendido e sim para obter reconhecimento. Para meter medo. "Eu não compreendo nada de economia, que é uma coisa muito complicada, nem nada de todos esses números que me mostram. Ora, o Sr. Balladur (ou Strauss-Kahn, ou Tietmayer,

---

* INSEE — Instituto Nacional de Economia e Estatística (equivalente ao IBGE brasileiro). (N.T.)

CARTA ABERTA
AOS GURUS DA ECONOMIA QUE NOS JULGAM IMBECIS

dispensem-me de menções inúteis) mostra-me uma série de cifras e delas eu nada compreendo. Portanto, tenho que confiar nele." O medo é o primeiro passo da confiança nos chefes.

"Não vamos entrar em detalhes; eu poderia adiantar-lhe algumas cifras, mas isso é uma questão técnica, não nos levaria muito adiante..."

Além disso, existe algo mais *clean* do que um número? Algo mais claro, *clean*, rigoroso do que um técnico que apresenta suas cifras em um cenário de ciências econômicas, de concorrência pura e perfeita e de sorrisos condescendentes dos Prêmios Nobéis reunidos? Como negar o rigor de um economista enfeitado de cifras e jargão? A estatística é uma forma de apolitismo. Ela perverte a política com o eterno jogo de palavras a que o poder se entrega. Jamais dizer "guerra" durante a Guerra da Argélia e sim "manutenção da ordem"[1]. É melhor falar sobre uma taxa do que sobre o sofrimento real do desemprego. A estatística, com o jargão econômico, realiza o velho sonho do poder: tender à elocução vazia. "Todas as teodicéias políticas tiraram partido do fato de que a capacidade generativa da língua pode exceder os limites da intuição, ou da verificação empírica, para produzir discursos formalmente corretos, mas semanticamente vazios."[2] O uso da economia e da estatística permite realizar sistematicamente esse abuso de poder: é algo complicado e impossível de ser verificado. Sempre. Ouça, não entenda nada e cale-se.

* * *

---
[1] Quarenta e cinco anos depois, a expressão *Guerra da Argélia* foi enfim oficialmente aceita e inscrita nos monumentos aos mortos. Quarenta e cinco anos. O poder tem medo; é o mínimo que se pode dizer.
[2] Pierre Bourdieu, *Ce que parler veut dire* (O que quer dizer falar), Paris, Fayard, 1979, p. 20.

OS RAPAZES DO SEGUNDO TIME

Quem melhor do que vocês, rapazes do segundo time, vocês, estatísticos, profissionais do número, sabe que esse jargão falsamente hermético é escandaloso, vergonhoso, um insulto aos cidadãos? Quem melhor do que vocês sabe que estão aí para construir um "esperanto econômico", em que tudo se funda no tom cinzento e na insipidez de um pensamento único? Por que participar dessa linguagem do mais extraordinário conformismo que ditadura alguma jamais ousou sonhar, mas que os escritores evidentemente pressentiram, como o demonstram Swift ou Orwell, com sua *nov-língua* e seu mundo em que "as fabulosas estatísticas continuavam a percorrer a tela"?[3] No momento em que um político puxa suas cifras, sabemos que vai adotar uma postura de camuflagem: em vez de falar sobre desemprego, falará sobre 10,25%. Sendo o travestimento a essência da estatística, não vemos por que o poder dele se privaria. As cifras são as cifras, a dura realidade das cifras é sempre melhor, porque "os fatos são renitentes" e obrigam os políticos a mentirem a respeito dos fatos. Mas pode-se mentir sobre uma cifra. Quem vai verificar? Quem vai verificar as mirabolantes somas e as fabulosas estatísticas que percorrem as telas?

"Ganhamos a batalha da produção! As estatísticas, completas, do rendimento em todos os gêneros de produtos de consumo mostram que o padrão de vida elevou-se em nada menos de 20% em relação ao ano anterior!... E as fabulosas estatísticas continuavam a percorrer a tela da tevê." Orwell, *1984*, e Huxley, *O Admirável Mundo Novo*: o *optimum* em termos estatísticos.

* * *

---

[3] George Orwell, *1984*, 1949.

CARTA ABERTA
AOS GURUS DA ECONOMIA QUE NOS JULGAM IMBECIS

Caros estatísticos... Vocês não têm um certo escrúpulo em apregoar, dia após dia, que a riqueza está crescendo, em um mundo de pobreza, de incrível indigência cultural, de uma feiúra deprimente, em que forçados arrastam sua "riqueza" (seus carros) para matar o tempo em meio aos engarrafamentos de cidades poluídas?

"Uma geração não pode sujeitar as gerações futuras a suas leis." (Artigo 28 da Declaração dos Direitos do Homem e do Cidadão, preâmbulo da Constituição francesa de 1793.) Pensem nesse Artigo 28, caros estatísticos de um mundo que ignora o futuro. Ousem utilizar seu poderoso e necessário instrumento estatístico para calcular a verdadeira riqueza. E não para tapear o cidadão.

Não os vamos censurar por seus erros, que chegam a ser comicamente repetitivos. Mas será que vocês só existem para justificar o poder, para garantir a verdade da mentira, para demonstrar que a realidade é falsa ou que a verdade política não existe? Nesse caso seu papel nada tem de invejável. Mas nem assim os podemos reprovar: uma sociedade não pode existir sem magia ou fantasias; e as fantasias estatísticas têm a qualidade de parecer científicas. É impressionante o fato de não se poder dispensar os números e *neles se acreditar:* é esse o caráter religioso da economia e da estatística.

Lindo, disse Suetônio, vendo as aves sagradas recusarem o alimento. E mandou que fossem jogadas ao mar, afirmando que precisavam beber, já que não queriam comer. Lançá-las ao mar? Não, é claro que não. Que vocês mesmos se atirem na água e digam: "Escutem, vocês não sabem, mas somos obrigados a fornecer nossos quilos de cifras, como outros têm de fornecer seus quilos de parafusos; senão, nos mandam embora. Estamos atrelados à cadeia estatística. Gostaríamos muito de calcular alguma

OS RAPAZES DO SEGUNDO TIME

outra coisa, como, por exemplo, o verdadeiro PIB, que levaria em conta a destruição da paisagem por Bouygues, e não o PIB que diz que Bouygues cria "riqueza"... Sabemos muito bem que TF1* representa muito mais a pobreza... Gostaríamos de poder dizer isso. Mas não podemos."
Ouse, Josefina.
Ouse calcular os índices de poluição visual, sonora, os índices de pobreza, de desgraça, de felicidade. Keynes, um dos estetas de seu tempo, era louco por estatísticas. "Estatística e cópula", escreveu ele para Lytton Strachey das Ilhas Orcades, onde passava sua lua-de-mel com o pintor Duncan Grant. Amem suas armas. E usem-nas contra seus senhores. Ousem dizer que vocês não sabem. Ou sabem pouco. Que seus sofisticados "modelos" são enormes fábricas de gás inadministráveis e que a regra de três continua sendo, depois de 150 anos de estatística (se remontarmos a Quételet), o *nec plus ultra* da previsão.

Digam, em alto e bom som, já que lhes cabe o trabalho pesado, que a economia jamais será uma ciência experimental. Que podem construir quaisquer "fatos estilizados"[4] que queiram para provar o contrário do que estavam provando antes. Digam, em alto e bom som, que em seus modelos só fala a voz do dono. Aliás, vocês o dizem[5].

---

* Indicadores das melhores opções de investimento. (N.T.)
[4] Denominação, em jargão de econometria, da "realidade" econômica construída pelas cifras.
[5] Ler *L'Information économique et sociale aujourd'hui. Besoin, représentations, usages*. (A informação econômica e social hoje. Necessidade, representações, usos). Colóquio Insee-CGT-CFDT, 14 de fevereiro de 1996. Insee, 1998, Paris.

CARTA ABERTA
AOS GURUS DA ECONOMIA QUE NOS JULGAM IMBECIS

"Os conjunturistas dispõem de instrumentos cada vez mais aperfeiçoados: indicadores, pesquisas de opinião, balanços trimestrais. No entanto, não se evidenciam progressos nas previsões."[6] O que é um eufemismo. A estatística e a econometria explodiram, os institutos pululam, e nunca o mundo econômico foi tão cifrado e tão mal conhecido. A "transparência" exigida por todo mundo é inexistente. A explosão dos caixas dois, do dinheiro lavado, a impossibilidade, não de saber, mas de adivinhar as quantias geradas fora dos balanços pelos bancos (o triplo ou o quádruplo do que eles declaram) demonstram, se fosse preciso demonstrá-lo, que o capitalismo só consegue existir na opacidade. E isso também precisa ser dito.

Os delegados do Plano francês foram grandes utilizadores de estatísticas e de *experts*. Todos afirmaram que a *expertise* era uma farsa, que os *experts* só estavam ali para entoar boas-novas. Delegado Charpin: "Os modelos são 'ventríloquos' do governo." Delegado Albert: "Os políticos e seus parceiros sociais são unânimes em exigir dos *experts* que lhes dêem boas notícias. Essa exigência de otimismo é ainda mais incisiva por parte dos operadores financeiros: na Bolsa, o que se negocia não são bens reais e sim esperanças. Há, portanto, entre o mercado da política e o das finanças, uma aliança natural contra todo pensamento econômico 'pessimista'."Confiança, confiança! O *expert* está ali para cantar algo alegre, mobilizador. Como o *griot* * das sociedades africanas que afugenta os espíritos maus. Ou a orquestra do *Titanic*. "Mais próximos de ti, meu deus Mercado."

---

[6] *Économie et statistique* (Economia e estatística), Insee, novembro de 1986.
* O *griot* pertence a uma casta especial, sendo ao mesmo tempo poeta, músico — que canta e comenta os fatos e acontecimentos — e feiticeiro. (N.T.)

OS RAPAZES DO SEGUNDO TIME

Michel Albert demonstra, igualmente, embora não se lhe peça tanto, que, na qualidade de chefe dos *experts*, ele é ainda mais nulo do que eles: "A ciência econômica fez progressos *incomensuráveis* (...) a partir dos anos 30! Imaginem que na época não se sabia o que era uma taxa de crescimento e nem mesmo uma renda *per capita*!" Os grifos são meus. Vamos mandá-lo a Keynes e Harrod (se é que, por acaso, já ouviu falar deles)[7].

O delegado Guaino, em compensação, tinha a imensa vantagem de ser muito atento à teoria econômica, perdida em suas incertezas[8]. É por isso que sua lucidez, em matéria de economia e de estatística, tem algo de surpreendente. Florilégio: "A ideologia pede sempre à ciência que garanta seu sistema: o 'politicamente correto' apóia-se na estatística e na contabilidade. Estratégia eficaz: sobre o ruído de fundo planetário, no tempo real e na pressão midiática da sociedade de informação, a cifra se impõe como o melhor argumento. Ditadura de peso: à medida que sua importância aumenta, a cifra é cada vez menos confiável etc." Retórica da cifra, ditadura da cifra... O delegado faz lembrar que o Cerc foi fechado por ter medido excessivamente de perto o crescimento das desigualdades e ter computado 11 milhões de franceses em situação de precariedade social... Nada mais enganador do que uma estatística de 12% de desempregados, que faz supor 88% de privilegiados. Ela esconde a floresta da desgraça, do medo, da míngua à espreita, da ameaça de desqualificação. "Isso vai ensiná-los a viver", dizia um dos pontífices da estatística, ou seja, a desgraça é provavelmente alguma coisa "qualificativa".

---

[7] Inventor, exatamente, da teoria do crescimento.
[8] Ele promoveu, em 1997, um seminário sobre *A economia da informação*, do qual o autor participou.

CARTA ABERTA
AOS GURUS DA ECONOMIA QUE NOS JULGAM IMBECIS

Pois bem, calculem os índices de desgraça, rapazes do segundo time: o tempo que se perde em transportes, contemplando (contemplação obrigatória) as maravilhosas "paisagens" dos centros comerciais, por exemplo. Ousem. Calculem a evolução, em dois séculos, do índice de infelicidade da sociedade francesa. Mortalidade infantil e suicídio, até mesmo o de jovens. Vocês vão ficar surpresos. Ah! Não podem fazer isso? Então, com que direito vocês calculam índices de felicidade por meio do PIB?

13

Experts

Assim como os doutores com miosótis nas orelhas e os estatísticos com suas belas mechas nos cabelos são encantadores, os *experts*, que nos vêm falar sobre o futuro e as belezas e benesses do mercado, são insuportáveis.

Em economia, como em qualquer outra coisa, o *expert* é o frustrado ou o preguiçoso da profissão. Se alguém não tem sucesso em outro lugar, pode sempre tornar-se um *expert* em mobiliário ou em quadros de grandes mestres, ou em flutuações das bolsas. O *expert* só existe para justificar aquele que o paga. Só o falsificador e o ignorante, por razões diferentes, têm necessidade do *expert*.

O *expert* em economia utiliza modelos "sofisticados". Nove vezes em 10 ele os desconhece. E também só um completo idiota acredita que um modelo é algo sofisticado. Um modelo apresente lógica desesperadoramente simples, mesmo quando milhares de equações o fazem girar como um dervixe, o que faz com que ele em geral se arraste sob seu peso, como um dinossauro, que geralmente não sirva para nada e que seja a junção de dados que represente o essencial nas previsões — perguntem a um analista da conjuntura. Como são feitas as previsões? Sem a

CARTA ABERTA
AOS GURUS DA ECONOMIA QUE NOS JULGAM IMBECIS

menor cerimônia. Reúnem-se 10 diretores dos institutos de previsão, que utilizam todos o mesmo modelo, pergunta-se-lhes como vêem o futuro, eles dizem meia dúzia de coisas incoerentes, tira-se a média e acrescenta-se um ponto, a fim de não perturbar as pessoas: "Atenção, eu tenho um modelo sofisticado!", quer dizer: calem-se, é complicado, a máquina sabe, e vocês não entendem nada disso. Quem quer que utilize o termo "sofisticado" em um comentário é um *expert* ou, melhor, um sofista — com o perdão da ironia. Um modelo, para Wassily Leontief (Prêmio Nobel de Economia de 1974) é *"garbage in, garbage out"**. Quando se cozinham um pouquinho os *experts*, como o fez a revista americana *Science*, o que se vê é que: 1. o controle científico é nulo; 2. os maiores computadores estão sempre aquém do mais débil bom senso; 3. as previsões são sempre falsas; e 4. todo mundo sabe disso.

É esse "todo mundo sabe disso" que é fascinante, como é fascinante a lucidez dos *experts* a respeito de si mesmos no momento em que os empurramos de volta a suas trincheiras. Pois a grande novidade, na utilização dos *experts* econômicos, é quando os fazemos vir a público, não para fazer rir, o que também acaba acontecendo, *mas porque sabemos que eles se enganam*. Todos os jornais, todos os anos, em geral no outono, fazem pequenas simulações de crescimento, de desemprego etc., comentando: "Reparem, eles não estão de acordo, eles sempre se enganaram, vão-se enganar de novo." A acumulação de erros tornou-se sinal do bom estado de saúde da profissão. Os *experts* não existem para predizer futuro e sim para dizer: "Escutem, estamos aqui, não temos nada a dizer, e, de qualquer forma, o

---
* Em inglês no original. Em termos de computadores: se o *input* é feito com dados errados, o *output* também será errado. (N. T.)

que disséssemos seria falso." É o único momento em que eles não mentem. O *expert* é um exemplo de delicadeza. Ele serve à comunicação. É o presentinho que se dá para facilitar as trocas, o *bakchich**, o dom no sentido de Mauss. Dom contra dom, *expert* contra *expert*: "E seu *expert*, o que acha? — Nada, nós nos divertimos muito com ele, e o seu?"

Quando o *expert* é incompetente ou excessivamente pusilânime, vai-se em busca do "oráculo" ou do "guru". O *expert* tem inveja do oráculo, que não precisa fazer referência a nada. Nem a um saber, nem a uma realidade, a dados, modelos, estatísticas ou alguma outra coisa igualmente aborrecida. Ele se coloca diretamente no Futuro, na Confiança e no Destino. Em suma, na metafísica. Como em Delfos, "ele não fala, dá indício". Você que trate de decifrá-lo.

George Soros é um oráculo. Impressionava muita gente porque havia especulado com a libra em 1992, fazendo-a sair do SME e ganhando uns dois bilhões de dólares. Foi levado um pouco menos a sério quando se soube, em julho de 1998, que ele havia sido depenado em mais do dobro ao especular com o rublo. Não importa. Ele continua a predizer o futuro — que ele não vê mais do que qualquer outro; a prova é que perde mais do que os outros. Mesmo arruinando-se, ele "expertizará" sempre, nem que seja sua própria ignorância, se conseguir vendê-la, uma vez "expertizada". Enquanto o *expert* é não raro ridículo, o oráculo é sempre irônico e solene. Não comete erros. É o horóscopo, que satisfaz sempre a todo mundo, ao amante e ao

---

* Pote de vinho, dado como brinde ou gorjeta nos países árabes. (N.T.)

CARTA ABERTA
AOS GURUS DA ECONOMIA QUE NOS JULGAM IMBECIS

corno ao mesmo tempo. Ele sabe que nada sabe, como Sócrates, oráculo sagrado de seu tempo, ou como Friedman, Barre, Attali, outros que transformaram em especialidade essa espécie de "ignorância superior".

Passadas as crises, os oráculos pululam, como cogumelos depois da chuva. Todos haviam predito a crise. Seis meses ou três anos antes. Mas isso não é grave. Precisamos deles. São solicitados. Continuam sendo procurados. Allais foi procurado em 1987; depois do *crack*, puseram-lhe o chapéu pontudo de adivinho, que voltaram a dar-lhe em 1998. Ele diz a mesma coisa, de muito bom senso: "As árvores não crescem até o céu." Nada prevê: faz notáveis comparações históricas, e ponto. Refaz a mesma clara análise da crise de 1929, mas não importa; não é sua capacidade de análise histórica que se põe em cena e sim seu lado de velho sábio, vagamente feiticeiro e meio amalucado: amordaçar o sistema bancário, proibir que os bancos criem moeda, dizer que a moeda bancária é uma "falsa moeda", impedir os bancos de emprestarem a prazo mais longo do que seus fundos... Se as pessoas lessem realmente o que Allais diz, ficariam estupefatas!

Allais não é um *expert* e sim um grande economista. E diz, aliás, algo muito interessante[1]: que um dos maiores economistas da história, Irving Fisher, propôs uma teoria referente à taxa de juros que é, em todos os aspectos, válida para o dia de hoje, mas ridicularizou-se em definitivo ao querer bancar o adivinho. É dele a frase: "As ações atingiram um patamar permanente", pronunciada às vésperas do *crack* de 1929. Mas Keynes também não

---
[1] *Le Figaro*, 11 de outubro de 1998.

EXPERTS

percebeu que estava para sobrevir um *crack*. Como todos os economistas em 1914, acreditava que a guerra não iria durar, pois as nações não teriam meios de pagá-la... Pelo menos ele tinha plena consciência de que o futuro econômico é permanentemente invisível: "Sobre o amanhã nada sabemos", frase escrita em 1937, é a palavra mais séria já proferida por um economista, juntamente com a célebre "A longo prazo estaremos todos mortos", que protesta contra o *laissez-faire* e registra a irreversibilidade dos fenômenos econômicos, contrariando a reversibilidade do equilíbrio do modelo de Walras[2]. Pode-se acusar Keynes de tudo — de não simpatizar com os econometristas, mesmo sendo presidente da Sociedade de Econometria, de não gostar de Marx e menosprezar Walras, de detestar Say e reverenciar Montesquieu, de ter escrito um prefácio "duvidoso" para a edição alemã de sua *Teoria Geral* —, mas não de ser um *expert*.

Os *experts* e os oráculos têm em comum com os astrólogos o fato de se resguardarem de predições muito precisas ("Os astros indicam tendências, mas elas não são obrigatórias", justificam os astrólogos). Eles viram casaca todos os dias e sempre em nome da oferta e da procura. Sem dúvida, um dia irão justificar a luta contra a poluição, tal como hoje defendem maniacamente a superprodução e o direito de poluir. Amanhã justificarão a estabilidade no trabalho em nome da produtividade, como hoje justificam sua flexibilização em nome da eficácia. Na realidade, existem para justificar instantaneamente tudo que se faça.

---

[2] A noção de equilíbrio de mercado no sentido de Walras, com oscilações até no preço de equilíbrio, implica reversibilidade do tempo, como na mecânica clássica.

CARTA ABERTA
AOS GURUS DA ECONOMIA QUE NOS JULGAM IMBECIS

Mas realmente... já que são tão espertos... já que conhecem tão bem as engrenagens da economia... por que não são mais ricos? Mesmo Soros ganha o que a Bolsa ganha em média, não mais. Resposta enfurecida de Jack Hirshleifer, candidato ao Nobel, autor do manual mais vendido nas universidades americanas: "Sim, mas também não são mais pobres do que os outros!" É um meio de demonstrar o caráter científico da física: pela capacidade de Einstein de andar de bicicleta. *Expert* algum jamais conhece a data dos índices de retorno na Bolsa; senão, seriam miliardários — só os iniciados ou, em outros termos, os escroques conseguem antecipar tais índices.

A economia é a "ciência" em que se podem contrapor dois *experts*, oráculos ou gurus, como em uma luta de boxe, com todos os seus truques e, evidentemente, com seu lado farsesco. "Frente a frente, Minc e Forrester! A Ciência contra a emoção!" "E aqui está Sachs, o Matador! Grande apóstolo da desregulamentação entre os pobres para transformá-los em ricos!" "E agora Sorman, o Garoto, o arrependido do mercado!" "À minha direita, Milton Friedman, à minha esquerda, John Kenneth Galbraith!" Entrevista no *Libération*:

— Galbraith, você acredita em um *crack*?

— Não! Eu havia predito o primeiro. E não vejo a possibilidade de um *crack* antes de *um bom tempo* (*sic*). Enquanto se espera, o dólar vai baixar.

— Friedman, estamos caminhando para um *crack*?

— Não! Quanto ao dólar, ele vai continuar a valorizar-se. Não sei bem por quanto tempo, mas durante *um bom tempo* (re-*sic*).

EXPERTS

A propósito de níveis, qual o nível de tolerância em relação aos *experts*?

A Bolsa é o lugar em que o *expert* exibe toda a sua incompetência. A corporação dos *experts* bolsistas é a pior possível. Ora essas pessoas rosnam que uma declaração política faz subir o dólar, ora que (a mesma) o faz baixar. Reclamam quanto à calmaria, aos tremores, à "super-reação", ao excesso de informação, à falta de transparência e, quando tudo vai mal, tiram da manga a "correção técnica" ou a "suspensão dos benefícios", que no caso não querem dizer estritamente nada, a não ser que estão perdidos no nevoeiro e não têm precisamente nada a dizer.

Se é possível traçar o limite entre um escroque e um comerciante mal-sucedido apanhado com a boca na botija, já não se pode estabelecer a demarcação entre o *expert* da Bolsa e o médium. Ambos lidam com feitiçaria. Vodu. Só que o feiticeiro é um pouco mais honesto: ele se faz facilmente notar, com seu manto de pele de leopardo e seu bastão ornado de plumas.

Quanto ao oráculo da Bolsa, ele envolve sua nulidade em cifras e gráficos. Traça em seu computador gráficos que representam curvas de tendência, "mapas". E contempla, encantado, toda essa tripa azul, como antigamente os áugures contemplavam as entranhas. Fundamenta sua previsão, esse tolo, na idéia de que o passado se repete. Os "mapas" deram origem à corporação dos fazedores de mapa. Como todos os adeptos de seita, eles estão convictos de que são donos da verdade. E de que o seu é o mundo real, ao passo que o mundo real não passa de ilusão. Os que fazem mapas são técnicos da adivinhação. Seus gráficos são exatamente os livros sibilinos que os adivinhos e oráculos da

CARTA ABERTA
AOS GURUS DA ECONOMIA QUE NOS JULGAM IMBECIS

Antigüidade guardavam com o maior ciúme. O ciúme de um mapista é enorme, pois ele é corneado pela Bolsa dia após dia. Mas não desiste. Interpreta as curvas como outros interpretavam os arabescos dos pássaros no céu. Talvez sejam uns sonhadores, quem sabe... As sibilas da Antigüidade tinham de reserva, no chapéu, "a parcela de imprevisto". Expressão bonita, não? A parcela de imprevisto é o que os *experts* da Bolsa chamam de "correção técnica". Cada época tem a linguagem que merece.

Teoricamente, os economistas, os verdadeiros, há muito eliminaram toda e qualquer veleidade de previsão em um mercado de ações. A partir, aliás, de Keynes e seu célebre Capítulo 12 da *Teoria Geral*, que jamais nos cansaremos de citar. Eles construíram modelos de profecias auto-realizadoras, os modelos das manchas solares, para mostrar que a decisão da Bolsa estava à mercê de uma mancha solar qualquer ou das bochechas cheias de vinho de tal ou qual estadista. Mas não é isso que importa: deixem-nos gritar seus pregões. A Bolsa é febril, melancólica, lânguida, morosa, agitada, nervosa, decepcionante, ela se inflama, se encrespa e, a seguir, cai no imobilismo e na calmaria. Entre a meteorologia e a medicina de Molière, o *expert* pontifica. "O *crack*? Uma sangria necessária!" Pâtin, o médico ironizado por Molière, achava que se poderia tirar até metade do sangue de um ser humano. Fazia experiências com crianças e conseguia que nem sempre morressem — uma prova de que era um *expert*. Pois o *expert* econômico se beneficia de uma incrível faculdade de esquecimento e de perdão que trai, no fundo, a pouca atenção que se dá ao que ele diz. A nuvem de Chernobyl que delicadamente se alojou na fronteira francesa desacreditou os degradados *experts* da CEA por três gerações. Em compensa-

EXPERTS

ção, ninguém se lembra do que dizia maliciosamente o *expert* Trichet às vésperas do *crack* de 1987.

É uma pena. Depois de passar um pente nos cabelos e olhar-se ao espelho, o *expert* Trichet decretava, em breve augúrio, que "a Bolsa teria belos dias diante de si". Desde a antevéspera ele predizia que "de agora em diante a Bolsa teria belos dias diante de si". Esse *expert* foi aquele que não viu o buraco que se abria no Crédit Lyonnais. É a ele que está confiada a política monetária da França e, um dia, talvez, a da Europa. Qualquer estudante do segundo ano de ciências econômicas que tenha feito um curso de economia monetária de nível médio é capaz de compreender, lendo suas entrevistas, que ele não sabe lá muita coisa a respeito da moeda ou, pelo menos, não tem a menor idéia do funcionamento de uma economia monetária — a menos que se esteja fazendo de incompetente, como faziam outrora os cortesãos que queriam enganar os príncipes com suas belas promessas. Ele não consegue alinhavar mais do que dois ou três *slogans* ("É preciso equilíbrio!" "Vamos reduzir a liquidez, reduzir!"), quase como aqueles párocos já idosos que ficam repetindo, paramentados, os poucos fragmentos de que ainda se lembram. Com o cura Camdessus, que também foi encarregado de verificar as contas do Crédit Lyonnais em sua época (essa foi brilhante), ele é um modelo declarado de incompetência: sua política de desinflação competitiva e do franco amarrado ao marco, que custou uma geração de desempregados, é indefensável, e ninguém atualmente ousa defendê-la. A não ser Barre, entre duas fungadelas. Mas ele não é tão velho. É evidente que ainda vai "expertisar" por mais uns 20 anos.

CARTA ABERTA
AOS GURUS DA ECONOMIA QUE NOS JULGAM IMBECIS

Um economista não se pode tornar um *expert*.

P.-A. Samuelson entende um pouco mais de economia, dentro da tradição da "física social". Como Hicks — e como ele, contra Keynes —, tentou inutilmente mostrar que o mercado levava naturalmente ao equilíbrio. Leu Marx e — que o barbudo o perdoe — colocou-o em equações. Vasculhou Keynes. Leu Schumpeter. Inventou uma categoria de modelos, os modelos de gerações imbricadas, que são uma maravilha de reflexão lógica sobre a natureza da moeda[3]. Está, pois, plenamente qualificado a afirmar que "nada é impossível em uma ciência tão inexata quanto a economia". Estaria brincando? Não. Quando lhe pediram, depois de um *crack*, para falar a respeito da Bolsa, começou caçoando dos *experts*: "Aos homens supersticiosos, as coincidências e o mau augúrio parecem ser patentes. O *crack* de 29 deu-se igualmente em outubro!"

Depois disse estas palavras, de rara filosofia, de paralisar de emoção todos os freqüentadores de bares: "A 'confiança', em economia, cria um tecido forte, mas que, quando se rasga, não pode ser remendado sem dificuldades. A queda dos mercados de ações não é mais do que um preâmbulo. De quê? Ninguém sabe."

A "confiança"... É o próprio centro da economia, como da guerra, do casal, da escalada em grupo, da navegação solitária, da educação das crianças e do adestramento dos pequineses. A economia não é mais do que psicologia primária. Obrigado, Paul-Antoine (Samuelson). A confiança. Tenham confiança. Nos *experts*, apesar de tudo. Apostem, portanto; apostem que eles estão com a razão: Pascal propôs isso a vocês há muito tempo.

---

[3] Cujos divulgadores, na França, foram nosso ministro Strauss-Kahn e seu compadre Kessler.

14

Pensadores

A economia tem também seus pensadores, que, como todos os demais, se situam de pronto na metametafísica, ou seja, além da idealidade. E propõem, por conseguinte, uma série de explicações do mundo, mas, tal como se dá com seus subordinados, os economistas de campo, o mundo lhes escapa. Um dos exemplos mais interessantes de pensamento tão global quanto errôneo foi *O desafio americano*[1] de JJSS, um *bestseller* que exibia a onipotência arrogante e dominadora dos Estados Unidos no momento exato em que entravam em decadência e buscavam abrir sociedades de jogo comercial na Europa à espera do Japão. Imaginemos que um alemão tivesse escrito *O desafio do exército francês e o genial General Gamelin* em 1939 ou que um americano tivesse escrito, em 1995, *O desafio japonês*. Esses livros teriam sido mais pertinentes do que *O desafio americano*, amontoado de previsões errôneas, mas difundidas em mais de um milhão de exemplares. Foi exatamente esse caráter milenarista e fantasioso de *O desafio americano* — uma espé-

---

[1] Jean-Jacques Servan-Schreiber, *Le défi américain*, Paris, Denoël, 1967.

CARTA ABERTA
AOS GURUS DA ECONOMIA QUE NOS JULGAM IMBECIS

cie de perigo branco mais verossímil do que o perigo amarelo, porque mais próximo — que lhe garantiu tal vendagem. Alain Minc é o Servan-Schreiber da geração seguinte, vendendo menos e sendo bem mais fraco. Em 1986, três anos antes da queda do Muro de Berlim, ele publicou *A síndrome finlandesa*[2], livro hoje injustamente esquecido. A ameaça do Leste sobre países como a França é aí descrita com muita convicção. Se não houvesse uma enérgica sacudidela, a França iria, sem dúvida alguma, cair sob o domínio do Leste. Iríamos ter o mesmo destino da Finlândia. Há dois anos, repetiu a façanha. Pouco antes de o mundo ter descoberto, enfim!, a vacuidade do pensamento liberal, seu caráter fanático e religioso e, em suma, simplista ("O liberalismo tem resposta para tudo, e é um erro não estar havendo mercado suficiente"), Alain Minc publicou *As vantagens da globalização*[3], de onde podem ser pinçadas asserções do gênero: "Os mercados sempre existiram" ou, então, "Não sei se os mercados pensam corretamente, só sei que não podemos pensar contra os mercados" (a ser louvada a sutileza lógica do subtexto: "Sei que não se pode pensar contra aquilo que não sei ser capaz de um pensamento"). Esse extasiado abandono à virtualidade e aos movimentos históricos do CAC 40 tem algo de realmente louvável: afinal, um pensador que ousa declarar que não pensa.

Em um raciocínio brilhante, do gênero "de agora em diante nada mais impedirá as galinhas de produzirem ovos ou, quem sabe, o contrário", Jacques Attali, em sua época sumo pontífice

---
[2] Alain Minc, *Le syndrome finlandais*, Paris, Seuil, 1986.
[3] Alain Minc, *As vantagens da globalização*, Rio de Janeiro, Bertrand Brasil, 1999.

da desregulamentação financeira e do *slogan* "os lucros geram empregos" (quando, na realidade, é o desemprego que vem gerando os lucros há 20 anos), explica aos leitores de *Paris-Match* que "nós somos um barco bêbado" (obrigado, Rimbaud). "Os mercados ditam o valor das moedas, organizam as negociações, favorecem o progresso econômico e decidem modos de vida." Mas, como são as maneiras de viver e os consumidores que decidem os mercados, compreende-se, então, que são os mercados que fazem os mercados ou o contrário. Para quebrar esse círculo vicioso, ele apela para a coragem de completar a mundialização dos mercados com a das instituições, isto é, adivinha-se, nomeando ele mesmo, Attali, ex-gênio da Berd, para cabeça de um super-FMI. Será que ele se vê como o Keynes das futuras negociações de um futuro Bretton Woods? Enquanto espera, conta (ele também...) a fábula do corte entre o real e o monetário ("Deixaram desenvolver-se uma bolha financeira sem qualquer relação com a economia real"), para o que nem Friedman, nestes tempos mágicos, teria mais ousado tirar do chapéu.

Para que serve Attali? Qual o seu valor de uso? Será um bem coletivo, como os faróis, o buraco de ozônio, Lady Di, o ar e a tevê? Claro que sim. Como a tevê, não há a menor dúvida.

Jacques Attali debocha da impossibilidade de o Japão levantar 1.000 bilhões de dólares para repor em ordem seus bancos (onde estão os *experts*? Qual é o déficit bancário japonês? São 600 milhões? 600 bilhões? 1.000 bilhões? Eles precisam chegar a um acordo! Sabe-se perfeitamente que as cifras não têm a menor importância, que basta jogar um punhado delas aos leitores, como se joga milho às galinhas, mas, mesmo assim, uma diferença dessas!). Fazendo sua a velha fórmula de que o amor

CARTA ABERTA
AOS GURUS DA ECONOMIA QUE NOS JULGAM IMBECIS

deve dar provas, ele conta que Greenspan, o diretor do Federal Reserve, depois de ter dito à Comissão de Bancos da Câmara dos Representantes que o salvamento do LTCM era necessário e que tudo voltaria a ser como antes — a confiança, a transparência, o crescimento e a deriva dos continentes —, apressou-se a vender todas as suas ações pessoais. "Não se preocupem!", gritava o armador do *Titanic,* saltando para dentro do barco salva-vidas.

Ah, a metáfora do *Titanic*! A crise engendrou uma linguagem rica em metáforas, encabeçada pela do naufrágio. A economia mundial é o barco que navega o oceano das mercadorias, a bruma da euforia não permite ver o *iceberg*, os mercados de derivativos, que são os mercados de seguro, têm apenas a eficácia de binóculo, enquanto radares teriam permitido evitar a colisão, os compartimentos interligados são as zonas geográficas que deixam passar a liquidez, Ásia, Europa, Rússia, América do Norte, América Latina e o Terceiro Mundo, que sofre mais do que os outros as conseqüências, é a terceira classe.

O *Titanic* é uma metáfora do capitalismo, não há dúvida. E o Brasil, o México, países que há mais de um geração fazem esforços no sentido de acertar suas contas dando satisfação ao FMI, isto é, reembolsando os bancos que os jogaram na água sem bóia, estão agora se afogando, penalizados acima de qualquer limite (suas Bolsas desabam 40%, 50%, 60%, os capitais fogem de seus países buscando a "qualidade"). E agora? Foram ou não foram "irracionais"? "Imprevidentes?" "Insensatos?" Não saíram comprando inadvertidamente em vez de se manter em seu devido lugar? Por trás do discurso da razão econômica, por trás da racionalidade e da agressiva brutalidade de um

Stigler, indigna de um cientista — se a teoria não se enquadra na realidade, a realidade é que é falsa —, esconde-se uma das formas mais retrógradas de todo o pensamento reacionário: os bons, a elite, são racionais; os maus, a massa, são irracionais. Os mercados, ah, estes, tal como o Espírito Santo, sancionam e são "racionais". A dura e justa lei dos mercados, como dizia alguém. Os mercadores que vendem seu peixe em economia buscam sua autoridade na "racionalidade" econômica para legitimar sua política de construção de mercados, isto é, de destruição do coletivo. Eles encarnam não só "a razão e a modernidade, como também o movimento e a mudança [que] estão do lado dos governantes, patrões ou *experts*; a desrazão e o arcaísmo, a inércia e o conservadorismo [estão] do lado do povo, dos sindicatos, dos intelectuais críticos"[4].

Assim, os doutrinadores do desmonte do Estado e da contra-revolução liberal estão a favor do "movimento" contra a "inércia", da "liberdade" (dos mercados) contra as barreiras, do progresso contra os privilégios, da não-rigidez (a flexibilidade do outro) contra os obstáculos (o corporativismo sindical, o Smic etc.). A liberdade no liberalismo, a universalidade na mundialização, a eficácia na anarquia são os chamarizes de uma nova religião temporal.

Que é o "pensamento" econômico senão a retórica reacionária mais chã e mais retrógrada — os pobres são responsáveis por sua pobreza, os pobres são assistidos, os pobres são privilegiados, as leis em favor dos pobres é que criam os pobres que elas pretenderiam ajudar etc. — servida em bandeja de prata e com luvas brancas desde que os *maîtres d'hôtel* dos poderosos existem?

---

[4] Pierre Bourdieu, *Contre-feux* (Contra-fogo), Liber, 1998.

15

Economistas e jornalistas

A mídia compreendeu rapidamente todo o partido que poderia tirar do fato de que a "ciência" econômica era a única em que o debate seria quase permanente, no sentido de interminável e acadêmico. Seria possível imaginar físicos discutindo interminavelmente, dia após dia, a queda dos corpos e a redondeza da Terra? Em compensação, há quatro séculos vêem-se homens de sotaina discutindo sobre o sexo do anjos, a virgindade de Maria ou a questão da graça "imanente". E a mídia percebeu perfeitamente toda a oportunidade comercial e o interesse do francês comum em ver discutido o "liberalismo" econômico, que não é mais do que um *poujadism**, uma permanente reclamação quanto à falta de "eficácia", uma censura vaga contra a "lentidão", os "arcaísmos", a "falta de flexibilidade", uma conversa para boi dormir contra o "imposto", contra o "funcionário", o "protegido", o "privilegiado", o "malandro que recebe pensões e benefícios ou o RMI**" e outras tolices do nível de conversas de Mariquinhas.

---

* Movimento popular de direita do final da IV República. (N.T.)
** RMI — Revenu Minimun d'Inserction (Renda Mínima de Inserção), pago a desempregados com capacidade produtiva de nível inferior ao do salário mínimo. (N.T.)

CARTA ABERTA
AOS GURUS DA ECONOMIA QUE NOS JULGAM IMBECIS

Assim o *Libération* organiza um "contra ou a favor", do gênero queda-de-braço, sobre a questão "A economia, doente das finanças?". Como sempre, o liberal[1] explica que a crise vem da falta de liberalismo. Além do *poujadismo* habitual, é exatamente uma postura stalinista: por que as coisas iam mal na Rússia, camaradas? Porque não havia suficiente socialismo! Deskulakizem* tudo! E, no jargão liberal-econômico: "Liberalizem um pouco mais tudo!" Sempre se pode encontrar um entrave ao liberalismo. Uma regra, um costume, um sindicato, um "corporativismo", um "privilégio". Mas o contrário de um hábito é também um hábito. Assim, o discurso da economia, como o dos sonhos, pode dar-se ao luxo de usar o princípio da não-contradição.

Pequeno exercício de criação de peixes (a serem vendidos).

A Microsoft é um entrave ao liberalismo. Opor-lhe uma barreira, entretanto, seria também um entrave ao liberalismo. Pois a Microsoft impõe a seus concorrentes mais produtividade: apesar de tudo, um monopólio só tem o inconveniente de ter sido mais astucioso ou mais eficaz. Uma ajuda à Microsoft seria também um entrave ao liberalismo. Dito isso, a autorização dada à Microsoft para entrar em um mercado é também um entrave ao liberalismo. Embora essa entrada, no caso de um mercado sonolento, pode-se dizer, viesse a sacudir as pulgas. No entanto, o desmantelamento da Microsoft é também um entrave ao liberalismo, pois o Estado não intervém em nome do bem comum e sim em favor de *lobbies* que querem o mal da Microsoft (em sua época, Rockefeller caiu sob os golpes de leis antitruste, por-

---

[1] *Libération*, 8 de outubro de 1998.
* *Kulaks* — os camponeses abastados que acabaram de vez na Rússia em 1929. (N.T.)

ECONOMISTAS E JORNALISTAS

que o *lobby* dos petroleiros texanos, mais bem protegido do que ele, queria sua pele). Não há, aliás, modelo mais emblemático de liberalismo que Bill Gates, do que está convencido de que a Internet dominada pela Microsoft é a própria expressão da democracia.

A vantagem do discurso da "ciência" econômica é que, com ele, se pode dizer tudo, exatamente como no discurso stalinista, em que a luta de classes permitia explicar o crescimento, o atraso, a inflação, a desinflação e a idade da filha do capitão. No debate supracitado, nosso liberal argumenta que a existência do FMI é um fator de risco para a economia mundial, porque os atores se crêem "garantidos"; mas, 10 frases adiante, alardeia que evidentemente é preciso que haja uma autoridade superior para que o sistema não venha a explodir.

Não há uma única frase econômica, digo e repito, nem uma única que não possa ser invertida. É possível igualmente dizer que as taxas de juros aumentam porque a massa monetária baixa, como o contrário[2]. E, reconheçamos, os economistas são extremamente hábeis em pôr as realidades em posição tal, que o que deveria estar em cima fica embaixo e vice-versa; alguns até com certo senso de humor, como é o caso de Milton Friedman ou de Jacques Attali, com seu jeitinho de "não estou nem aí para vocês", bastante simpático.

Os jornais deleitam-se com o princípio da não-contradição. No *Libération*, quatro ilustres economistas sucedem-se sempre, todas as segundas-feiras, um dando seu testemunho de Escola Normal Superior, outro do MIT, um terceiro de um *Think*

---
[2] Para o contrário, acrescentar-se-á um dedalzinho de imprevisto.

CARTA ABERTA
AOS GURUS DA ECONOMIA QUE NOS JULGAM IMBECIS

Tank de Genebra, e o último, verdadeiro stakhanovista* do conceito, correndo, ele e seus aficionados, de seminários para revistas acadêmicas, passando por todos os jornais da França e de Navarra (quantos são, escrevendo assim? 20? 30?) e apresentando uma centena de folhas por semana, para a maioria, excelentes[3]. Em geral, o artigo de nossos quatro jograis é do gênero precisamos de um pouco mais de liberalismo, de mais atenção, um pouco mais de controle também não seria nefasto; de qualquer modo, uma mistura de controle e de liberalismo não seria mal, embora tudo isso seja muito complicado. É provocante ver nossos gurus mudarem ao sabor das flutuações econômicas, dos ciclos de opinião e do mercado dos camelôs. Quando a "opinião" crê no liberalismo, eles puxam suas faixas de "liberais". Quando a desconfiança se instala, eles se mostram igualmente desconfiados. Como sardinhas apanhadas no arrastão, saltitam para a direita ou para a esquerda, brilhando todos juntos. Um conta, um dia, que a redução dos impostos das empresas beneficia os assalariados ("porque isso cria empregos"), mas dirá, no dia seguinte, que as ajudas fiscais ao emprego (isto é, a redução de impostos) estimulam a demissão de pessoal. Submetidos à implacável lei da produtividade — o papel, a folha são absoluta-

---

* Stakhanovismo — método de aumento no rendimento do trabalho por iniciativa dos próprios trabalhadores, implantado na URSS em 1936. De Stakhanov, nome de um mineiro russo. (N.T.)

[3] E alguns bem descuidados. No *Libération* de 5 de outubro de 1998: "A desinflação leva a uma queda da atividade econômica, seja devido a uma alta dos salários reais, seja em virtude de uma baixa das taxas de juros reais" — algo que é, claramente, uma tautologia. Algumas linhas adiante: "Os bancos usam a liquidez para investir em títulos públicos, em vez de distribuir crédito", como se comprar obrigações não fosse já distribuir crédito! Ah, os improvisos da produção jornalística de massa! Todo artigo de vulgarização econômica mereceria ser dissecado e virado pelo avesso, como uma pele de coelho.

ECONOMISTAS E JORNALISTAS

mente necessários; senão, no silêncio que se seguir, o mundo vai trincar os dentes —, eles oferecem alimento econômico industrial, de supermercado, destinado ao consumo de massa. Salgado no início, açucarado no final, insípido no meio.

Não os podemos acusar de ignorar a complexidade econômica: sobre um tema tão difícil como a especulação, o vulgarizador econômico dirá: "A confiança tem que voltar", o que é algo mais ou menos do mesmo naipe que: "Quem viver verá" e "Amanhã será outro dia". Mas é ele mesmo[4] que, em um colóquio, apelará para 30 quilos implícitos de equações e um quintal de bibliografia para chegar a uma conclusão do tipo "A confiança tem que voltar, e, confiem no que digo, isso é algo muito complicado". A diferença é de extremos: confessa-se aqui a própria impotência em um campo cúmplice de impotentes (jamais há tanta conivência e respeito ao outro quanto em uma assembléia de economistas profissionais; cada um sabe perfeitamente que, se brincar de dizer, como no conto, "Você está (só) de camisa!", todos os outros certamente responderão: "E você, de cuecas!"); adiante, proclama-se a própria autoridade de *expert* a uma platéia de ignorantes, aterrorizados e submissos em aceitá-lo como dono da "verdade".

A frase com que sempre se responde a um economista é: "Oh, eu, eu não entendo nada disso!" Jamais se responde assim a um físico. Qualquer ser medianamente inteligente julga-se capaz de entender toda a teoria física. É, aliás, a razão pela qual as obras de divulgação da física são apaixonantes e têm tanto sucesso. As obras de economia, salvo as mais polêmicas ou históricas, não despertam o menor interesse, exatamente porque não expõem uma teoria, mas vagas asserções, pintadas em cores

---

[4] Artus, ainda e sempre.

CARTA ABERTA
AOS GURUS DA ECONOMIA QUE NOS JULGAM IMBECIS

berrantes, à equação em torno de "É a *lei da oferta e da procura*. Se ouvirem um filósofo, um psicólogo ou um teólogo, vocês não dirão "Ah, eu não entendo nada disso!" Ouvirão e, em geral, compreenderão. E muitas vezes ficarão encantados.

Só podemos elogiar o senso de humor do jornal *Le Monde*, que apela para os *experts* do Crédit Lyonnais para explicar — título da matéria — *A mecânica da economia*. Trata-se, no caso, de *experts* que têm um pesado passivo de competências. Mas, engolindo toda a vergonha e esquecidos dos 22 bilhões de dívida ativa que apodreceram na Coréia ou dos 2 bilhões que acabaram de perder, ontem mesmo — psssschit! —, com obrigações, na Rússia, os *experts* "expertizam". Portanto, os mercados esperam[5], executam seu trabalho de inventário, fazem sua análise e outras coisas mais, badaladas pelos ignorantes do mercado, que não dão sequer vontade de rolar de rir, nem de sorrir. Mas em meio a essa confusão especializada, encontramos algumas confissões que desarmam. Como a que foi levantada sobre a retórica estatística: "A desgraça é que essas cifras[6], e sobretudo seu conteúdo, variam em função das próprias conclusões que se irão tirar a partir delas."

É preciso refletir sobre essa frase, cujo alcance metafísico seus autores ignoram. O valor de uma cifra, seu conteúdo, o que significa uma cifra, depende do juízo que se faz a seu respeito. Dificilmente se poderia encontrar melhor exemplo de conhecimento auto-referido, fechado sobre si mesmo, mordendo o

---
[5] E o que esperam, sempre, os mercados (*Le Monde*, 13 de outubro de 1998): "Mais liberalizações, mais privatizações, maior redução dos déficits públicos", em suma, os mercados querem mais mercado!
[6] Trata-se de cifras de endividamento.

ECONOMISTAS E JORNALISTAS

próprio rabo, se preferirem. Em termos claros: se sou um *expert*, quero uma cifra para fazê-la dizer o que eu, desde antes, tinha vontade de fazê-la dizer.

Felizmente os estatísticos começam a questionar-se: *Estatística sem consciência é uma ruína* é o título de um de seus recentes colóquios. Os *experts*, porém, não sentem assim. Usam as cifras, como outros a ciência, com fins criminosos. De qualquer forma, eles não têm tempo: eles vivem em "tempo real", como o assinalam, com candura quase enternecedora, os *experts* nutridos pelos assinantes do *Le Monde*.

Por conseguinte, quando se vê o comportamento dos *experts* e o comportamento dos economistas que permitem que se abuse de sua autoridade, como não perdoar os jornalistas que dizem seja lá o que for?

Sob o título de uma manchete — *A dura e justa lei dos mercados financeiros*[7] —, um jornalista vai tentar demonstrar que os mercados não são cegos nem egoístas, gregários, irracionais, destrutivos, perigosos, antidemocráticos, tirânicos. Embora estejam sendo "acusados em bloco de ter posto fim à milagrosa expansão dos países asiáticos, mergulhado a Rússia no caos, ameaçado o crescimento na América Latina, modelo de virtude econômica"[8]. Qual vai ser o argumento? Nosso homem vai demonstrar que a sanção financeira não é mais do que uma constatação de "má saúde" econômica. Como prova a referência à autoridade do indefectível Artus: "Como faz ver Patrick

---

[7] *Le Monde*, 17 de setembro de 1998.
[8] Entre parênteses: o fato de que o México e outros que têm a virtude da ortodoxia estejam sendo os cornos da especulação tem um lado um tanto ou quanto jubiloso.

CARTA ABERTA
AOS GURUS DA ECONOMIA QUE NOS JULGAM IMBECIS

Artus, a maior parte dos países asiáticos já sofria de desequilíbrios ou desordens diversas que tornavam inevitável a crise financeira." Esse tipo de afirmação pode ser traduzido exatamente por: "Os países estão em crise porque eles estão em crise." Passemos por cima das justificativas liberais que daí deduz o mais aplicado defensor da economia mais vulgarizada que possa existir ("Se o FMI não tivesse intervindo na Rússia, os especuladores não teriam especulado tanto") e voltemos ao velho sofisma: se algo vai mal em finanças, é porque algo vai mal em economia — a isso se reduzem as 10 folhas do artigo.

Keynes passou a vida fechando essa porta pela qual os liberais entram, batalhão atrás de batalhão. Artus pode ser acusado de tudo, de deixar que um burocrata abuse de sua autoridade, mas certamente não de ignorar a teoria monetária e financeira que há muito pulverizou essa antiga separação entre o "real" e o "monetário". Seria, realmente, uma afronta a ele servir-se de seu saber para citar uma banalidade que até um assinante da *Lettre libérale* de Alain Madelin recusaria. Aglietta e Orléan, em duas obras magníficas[9], e milhares de economistas depois de Keynes, além de Patinkin e do próprio Friedman, propuseram-se a questão das relações entre o "real" e o "monetário".

Se o jornalista tem autoridade sobre o político, que se deve curvar a suas espetadelas (senão, não passa na tevê), tem autoridade ainda maior sobre o economista, que precisa contentar-se, como Artus, um dos melhores teóricos da especulação, com deixar que digam: "Se há crise, meu velho, é porque há crise; é isso aí!"

---

[9] Michel Aglietta e André Orléan, *La violence de la monnaie* (A violência da moeda), PUF, 1984; e *La monnaie souveraine* (A soberania da moeda), Paris, Odile Jacob, 1998.

ECONOMISTAS E JORNALISTAS

Então, mais uma vez, caros colegas, doutos senhores, vocês, que sabem perfeitamente que a maior parte das questões econômicas merece 10 páginas de reflexão, tendo, em sua maioria, uma incerteza ao final, por que vocês aceitam repassar *slogans* à opinião pública? Quem são vocês? Publicitários — "O que estamos comprando são nossos empregos!", formulação segueliana da teoria keynesiana do relançamento — ou eminências pardas, militantes políticos, corredores em busca de bons cachês, jornalistas pagos por lauda, *clowns* despeitados por ver que seus confrades da meteorologia têm mais audiência, jornalistas atrelados, empregados das grandes empresas? A quem vocês servem, antes de ir apanhar algumas sobras da festa? A doutores, como vocês, ou a meros copistas que escrevem muito e mal, mas "teorizam" sobre as relações entre o real e o monetário em vez de contentar-se com entrevistas de Johnny Hallyday e de Pierre Button?

Os jornalistas, no fundo, desprezam os *experts* econômicos. Depois da crise de outubro de 1998, a mídia lava a própria alma, como sempre, com aqueles que, também como sempre, nada viram do que estava por vir. *Le Canard enchainé* publica um florilégio de hilariantes previsões feitas em posição de sentido; os jornalistas da rádio e da tevê contam que, "obviamente", ninguém viu nem previu nada, mas partiram para mais uma rodada; o *Le Monde* oferece um suplemento sobre a bancarrota dos *experts*, e *La Tribune Desfossés* faz com a Sofres uma pesquisa de opinião envolvendo 140 profissionais[10] da praça de Paris — o que é uma amostragem praticamente exaustiva.

---
[10] *La Tribune Desfossés*, 29 de setembro de 1998.

CARTA ABERTA
AOS GURUS DA ECONOMIA QUE NOS JULGAM IMBECIS

Muito honestamente, *La Tribune* reconhece que a "evolução do barômetro é particularmente cruel para com a comunidade dos analistas e gerentes", que "o estado deplorável das economias asiáticas, sobretudo a japonesa[11], o papel desestabilizador da Rússia e o medo de ver a América Latina soçobrar levaram, em um trimestre, a uma mudança de 180° nas previsões". Cento e oitenta graus. Evidentemente, "a imensa maioria dos entrevistados tem confiança em Alan Greenspan". O que não é em absoluto surpreendente: é algo típico das tropas em retirada, dos gurus, dos padres, e, mais em geral, de todas as pessoas crédulas e irracionais; todos eles têm necessidade de um guia. Mas, pergunta, não sem certa malícia, *La Tribune,* "resta saber se a sagacidade dos *experts* interrogados não vai, mais uma vez, cometer erros". Ah! Ah! *That is the question!* Estas pessoas que sempre se enganam, como sabemos por experiência, será que não vão se enganar de novo? Pois bem, não! "Os profissionais apostam em uma recuperação da Bolsa." Em que mais poderiam apostar? Em uma crise? Os padres apostariam que o paraíso não existe? As pessoas que embarcam em um navio apostam que vão naufragar? Os poupadores confiariam seu dinheiro a uma pessoa que acha que não se deve jogar na Bolsa?

No entanto, se olharmos mais de perto a famosa sondagem, constatamos que, como sempre, os *experts* afirmam estar em um nevoeiro, a não ser que, desta vez, o nevoeiro fique um pouco mais denso. Quarenta por cento acham que, talvez, isso não venha a dar problemas; 13% estão certos de que não darão; e o resto de nada sabe. Um baseia suas estimativas no euro forte; outro, no dólar fraco; um terceiro em um contexto mais favorá-

---

[11] Há sete anos a economia japonesa está "em mau estado". Passemos adiante.

ECONOMISTAS E JORNALISTAS

vel; e algum inquieto em um contexto mais desfavorável. Mas todos estão de acordo quanto a afirmar que amanhã o sol vai nascer.

A conclusão do *Marianne*, jornal bastante polêmico, que lança uma diatribe contra "os *experts* eméritos, especialistas patenteados que, criticados em bloco pela mídia, da qual são gurus, enrolam-se em um manto de tecnicidade para melhor esmagar os ingênuos com o pesado discurso de sua arrogância.... Essa cegueira doutrinária, que protegia e protege sempre uma verdadeira muralha cimentada de certezas, constituirá, sem dúvida, no futuro, um objeto de estudo escolar, à disposição dos estudantes". Brrrrr... Enfarado de tudo isso, o *Marianne* acrescenta: "Tudo era previsível, mas não foi previsto." Ah, não, nada era então previsível, exceto que "as árvores não crescem até o céu", como dirão, repetindo Allais e o provérbio da Bolsa. No dia em que se souber a data dos índices, das reviravoltas de tendência, das rupturas, das bifurcações ou dos retrocessos da História, saberemos também o próximo número da Loteria. As fortunas de todos os gurus das finanças ou resultam de oportunidades (e aí mergulham, mais cedo ou mais tarde, em sentido inverso, no famoso "cedo ou tarde" da previsão da Bolsa), ou, então, o que é mais freqüente, de procedimento de iniciados que dispõem de informações privilegiadas e manipulam os mercados com os boatos que fazem espalhar. Adivinhar antes dos demais: é o que salvará os náufragos do *Titanic* que se decidiram, finalmente, a pegar os barcos salva-vidas.

16

Economistas e políticos

Todos os economistas mais próximos ao poder americano reconheceram que serviam apenas de máscaras para fazer crianças rirem. Phelps com Nixon, Feldstein e Boskin com Reagan (Boskin referia-se à "economia vodu" a propósito das "Reaganomics"), Laffer com Bush, Janet Yellen[1] com Clinton e Attali com Mitterrand. Feldstein, que merece respeito por seus trabalhos referentes aos sistemas de Seguridade Social, vai inaugurar a era da impotência econômica e do "nada sabemos; portanto, nada podemos". É honesto, modesto e de bom caráter. Raros foram os economistas depois dele que não fizeram idêntica confissão de ignorância.

Mas o Conselho de Análise Econômica, nomeado por Jospin e agrupando os melhores economistas da França, dirigidos por um discreto previsionista, reuniu-se para pôr em pauta diversos temas da sociedade (os fundos de pensão, a taxa Tobin,

---

[1] Presidente do Conselho de Análise Econômica de Bill Clinton. Que, em seu gênero, não é triste: "Uma das lições da crise é que a confiança baseada em um sistema opaco pode levar a decisões errôneas" (*Le Monde*, 3 de novembro de 1998). Ora veja, nesta, Janet, você me espantou!

CARTA ABERTA
AOS GURUS DA ECONOMIA QUE NOS JULGAM IMBECIS

a redução do tempo de trabalho etc.). Reuniram-se, discutiram os prós e contras e separaram-se dizendo que isso tudo é muito complicado. A idéia de criar um Conselho de Análise Econômica é notável: em vez de deixar todas essas pessoas saírem dizendo qualquer coisa nas gazetas da direita e da esquerda, vamos fixá-las em seu papel de sábios e ficaremos em paz. Em um Conselho de Análise Econômica, todos esses economistas com tanta pressa de expor-se a ciladas voltam a ter a imagem de doutos e reencontram a própria competência. "Nós não sabemos muita coisa e nem podemos muita coisa, mas..."

Dominique Strauss-Kahn é, ao mesmo tempo, economista e político. Ao falar sobre a crise de setembro na Bolsa, enfiou seu chapéu de político: "A situação não contém mais qualquer explicação racional para a baixa dos mercados[2]." Imediatamente após, os mercados caem. Não se pode acusar DSK de ter o reflexo economista-liberal de "a realidade é falsa porque não se ajusta à teoria, que indiscutivelmente é correta". Como o economista Aglietta, fino conhecedor, que afirmava, ao mesmo tempo que ele, que "a lei dos mercados é fundamentalmente irracional", retomando a tese da "exuberância irracional dos mercados", de Alan Greenspan, outro refinado político, que sabe perfeitamente que não há nada mais irracional do que um comportamento humano em situação de incerteza. E, tal como Greenspan, ele é um dos homens mais pragmáticos e astutos que a economia mundial já conheceu. Uma espécie de anti-Trichet. DSK, ao apelar para a "racionalidade" dos mercados, assemelha-se a um Talleyrand apelando para a oração e morrendo de rir às

---
[2] À saída do G-7, em 4 de outubro de 1998.

escondidas na festa do Ser Supremo. Ele sabe perfeitamente que, mesmo que as "condições objetivas", as "teses fundamentais" e outras invencionices idiotas, destinadas aos crédulos, sejam sadias, os mercados reagirão — ou, nos termos do jargão economista, superagirão — de maneira caótica e browniana. E que quanto maior o "rigor" ou os "fundamentos" ou coisas semelhantes que lhe forem aplicados, mais eles o exigirão.

Para compreender a natureza de um *expert* e a de um verdadeiro economista é preciso assistir à entrevista coletiva semanal de DSK, restrita aos jornalistas econômicos. Deliciosa. Um verdadeiro regalo. Todos raciocinam a partir de cifras, e DSK, que sabe muito bem que uma cifra, "como o biquíni, esconde o essencial" (provérbio estatístico), reúne uma série delas, perora, debate e contra-argumenta *ad nauseam* sobre todas as cifras. Você contesta meu 0,25%? Pois eu argumento com o 0,24%. Nenhum desses bravos jornalistas tem a mínima idéia do funcionamento dos modelos econométricos, que fornecem as cifras exatamente como outras máquinas fornecem salsicha a metro, e o ministro pode deleitar-se com a "precisão", a "confiabilidade", a "solidez", o "intervalo confiável" e outras fórmulas retóricas que satisfazem mais ao periodista do que ao cura imbecil uma bênção do Papa dada de seu papa-móvel.

Quando DSK quer evitar todo e qualquer debate, decide — e aqui cito — "pôr seu boné de economista" e entregar-se a alguns raciocínios macroeconômicos, como velho adepto das teorias de List[3], quando há diante dele um liberal, ou da doutrina de Heckscher-Ohlin-Samuelson[4] quando se trata de um prote-

---

[3] Teórico do protecionismo.
[4] Teóricos da especialização internacional.

CARTA ABERTA
AOS GURUS DA ECONOMIA QUE NOS JULGAM IMBECIS

cionista, argumentando de saída com cinco ou seis tiradas lógicas, pois sabe que o melhor de seus interlocutores não é capaz de raciocinar de antemão sobre mais do que uma ou mesmo duas. DSK sabe que a ciência econômica é a retórica das interdependências, com causalidades infinitamente imbricadas e ramificadas, e, como os campeões de xadrez, é capaz de desenvolver um raciocínio sobre séries causais de impressionante extensão. Jamais um *expert* o colocará em dificuldade: DSK conhece a economia e o impasse na qual a colocou a "lei" da oferta e da procura. Ao passo que os *experts* ignoram a própria natureza dessa lei e, por conseguinte, ignoram aquilo a que se referem.

DSK é capaz de falar 10 horas seguidas sobre economia. Sempre usando para concluir, como todo político, a "confiança", a "transparência" e "vai tudo bem, votem em nós".

Mas, ao dizer "vai tudo bem" em plena tempestade, DSK está cumprindo seu trabalho de capitão. Pode, então, ser desculpado, ao passo que Trichet não pode. Ele mente quando diz que não mente, como todo político. Terá culpa de ser sincero? De crer sinceramente em suas afirmações vazias sobre desinflação competitiva? É de se temer que sim. Trichet é como todos os ignorantes da teoria econômica (que não é precisamente uma, o que DSK sabe perfeitamente, pois foi em sua época grande teórico dos modelos de gerações imbricadas[5]) e, mais em geral, como todos os ignorantes: perigoso. A ortodoxia monetária dos anos 30, forma de ignorância, como todos os dogmatismos, custou, sem dúvida, à França — a última a abandonar o padrão-ouro — sua mais grave crise e talvez sua derrocada. Trichet não tem sequer o simpático lado camelô de um Friedman ou o

---
[5] Teoria bastante sofisticada desenvolvida originalmente pelos Prêmios Nobéis Paul-Antoine Samuelson e Franco Modigliani.

VRP de um Sorman, que vendem seu peixe econômico como outros vendem calçados. Ele acredita nisso. O que é trágico. Além do mais, ele é capaz de fechar os olhos à maquilagem nas contas do Crédit Lyonnais para não afligir a massa, assim como outros fingiam ignorar o *gulag* para não deixar Billancourt em pânico*.

DSK compreendeu, há muito tempo — desde seus mais caros estudos —, que a economia dos políticos não passa de uma retórica destinada a tranqüilizar e a gerar confiança. Ele utiliza a economia para vender seu peixe, mas tem pelo menos a desculpa de conhecê-la na ponta dos dedos. A confiança aninha-se até em seu timbre de voz, macio. Porta-voz da confiança, ele fala para aplainar ou arredondar. Além do discurso de Barre ou de Balladur, sofredor e beato ("É preciso um esforço maior, maior rigor, os franceses têm que fazer sacrifícios"), das fanfarronices de Mitterrand ("É a guerra econômica, os mercados são campos de batalha"), dos apelos ao crescimento e dos hinos à empresa do socialista medíocre, sua economia é neutra, a fim de neutralizar. Em um G-7 ele dedilha nas teclas de seu computador, rabisca equações para divertir-se, envia faxes a seus colaboradores e lembra que, "indo além das aparências, vê-se que todos desempenham um papel. Ninguém precisa iludir-se", acrescentando logo em seguida, para melhor se trair, que "um G-7 é sério. Nele se fazem coisas que comprometem o futuro; lá não estamos brincando", o que mostra claramente que ele está se divertindo e que nada, em um G-7, se compromete com o

---

* Cfr. N.T. p. 27.

CARTA ABERTA
AOS GURUS DA ECONOMIA QUE NOS JULGAM IMBECIS

futuro a não ser o fato de dizer: vejam, os chefes estão presentes; continuem, estamos atentos a vocês. Ele também declara: "Se eu não tivesse entrado para a política, teria feito matemática. Na informática, nos jogos matemáticos e no xadrez, encontro muita satisfação." Quem não entendeu o lado lúdico da economia matemática nada entendeu a respeito da economia. Como no xadrez, a economia "teórica" para nada serve, a não ser para jogar; DSK conhece o assunto sobre o qual está falando, pois foi ele quem manipulou os modelos mais engraçados que a economia já produziu, no qual questões das mais amplas, como o Acaso, o Tempo e o Dinheiro, surgem por trás da complicação das equações.

Raymond Barre utiliza também a economia para vender seu peixe. Ele é, ao que dizem, um *"expert* econômico de reputação internacional". Pelo menos é esse o título com que o fantasia a revista *Paris-Match*[6], a qual é bastante confiável. Algo só menor do que o título de "o melhor economista da França", que lhe foi dado por Valéry Giscard d'Estaing e que virou um rótulo do qual nunca mais se livrou. Qual dos dois vale mais? O primeiro ou o segundo? *Expert* ou economista?

Raymond Barre volta do Japão e confessa que "uma análise lúcida das diversas regiões do mundo se impõe" e que vai, incontinenti, oferecê-la a nós. Duas páginas de um artigo sobriamente intitulado *Como deter a primeira crise financeira da economia mundializada* e algumas portas arrombadas adiante, continuamos ainda esperando, já sabendo, porém, que "o restabelecimento dos equilíbrios não pode ocorrer sem recessão econômica" (faça a sangria nele, Doutor Diafoirus, e não se esqueça de lhe pôr a

---

[6] *Paris-Match*, 1º de outubro de 1998.

ECONOMISTAS E POLÍTICOS

mordaça; senão, ele é capaz de gritar!) e que, como disse o diretor do FMI: "Há uma crise no próprio centro da crise asiática: a crise japonesa." Se o diretor disse... Quanto aos bancos, afirma o *expert* internacional, eles estão bloqueados a no máximo "600 milhões de dólares". Um plano de uns 100 milhões de dólares seria bem visto. Alguns dias depois, o Japão vota um plano de saneamento bancário de 600 *bilhões* de dólares. Não se trata apenas de um zero a mais.

Não podemos, porém, deixar passar em branco a relação estabelecida por Barre: "restabelecimento dos equilíbrios/recessão". É sempre a mesma história, o mais retrógrado dos desvarios reacionários: estes países estavam sendo mal geridos; por isso, foram punidos com a inevitável recessão. Não lhes vem à mente, por um segundo sequer, que foram os bancos do Hemisfério Norte, com sua especulação, que ajudaram a provocar esses desequilíbrios. Não. Assim como as donas-de-casa pobres atoladas em dívidas são sempre as responsáveis, os países pobres é que não sabem controlar seu orçamento e ficam pedindo sempre mais dinheiro. Raymond Barre é um adepto do sofrimento que redime. E a economia dos *experts* não está muito longe da religião.

17
E Deus em tudo isso?

A economia é um anestésico da mesma qualidade que o latim da Igreja; e a economia, sem dúvida, ganhou muito no terreno em que a Igreja teve grandes perdas. Há algo de transe na oração comum que pode se encontrado na fórmula econômica encantatória à Confiança, entoada canonicamente em todas as reuniões do G-7 e outras.

Qualquer mente um pouco mais aberta compreenderia que o comunismo era uma "forma pervertida de redenção dos humildes"[1], uma heresia religiosa, mas, apesar de tudo, uma religião. Não é preciso ser sábio para perceber, na economia ortodoxa, na *lei da oferta e da procura* e no liberalismo idealizado, uma utopia, idêntica à do comunismo, e, tal como ele, uma religião, com seus fiéis, seus papas, seus inquisidores, suas seitas, seu ritual, seu latim (a matemática), seus dissidentes e, talvez um dia — sonhemos —, seu Pascal e seu Chateaubriand.

A "mão invisível", astúcia de cunho hegeliano para uma razão acima da razão dos homens, é um avatar do Espírito

---
[1] Alain Besançon, *La confusion des langues* (A confusão das línguas), Paris, Calmann-Lévy, 1978.

CARTA ABERTA
AOS GURUS DA ECONOMIA QUE NOS JULGAM IMBECIS

Santo. *Idem* o mercado (seu outro nome) onipotente, onipresente e ubiqüitário, ser de razão superior, substância imanente e princípio dos seres — "Você não passa de um raciocínio custo/benefícios"[2] —, causa transcendente que cria o mundo e que tem todos os atributos da divindade, incluso o destino: ninguém pode escapar do mercado[3]. Ele existia antes de você e existirá depois. Por conseguinte, é impossível pensar em uma pós-economia. Eis por que o fim da História e a *new economics* (o fim dos ciclos, reprise, liberalizada, das crenças no crescimento ótimo, em vigor no pós-guerra) são indissociáveis do liberalismo. O fim da História convém magnificamente aos que estão no poder: o fim da História, tudo bem se sou eu que estou no alto. A eternidade do mercado, que justifica a dominação de algumas dezenas de miliardários cuja fortuna equivale ao PIB acumulado dos 50 países mais pobres, tem algo do princípio de direito divino. O direito do mercado é o do mais forte. Os ditadores sempre procuraram justificar democraticamente, com 98% de *sim*, seu lugar.

Se a economia é uma religião — como pensam, sem dúvida, muitos economistas a quem se dá crédito nos colóquios ou um lugar nos Conselhos do Príncipe ("A economia é a religião de nosso tempo"[4], Serge Latouche; "A economia política é a religião do capitalismo"[5], Michel Aglietta e André Orléan) —,

---

[2] Becker, Prêmio Nobel.
[3] "Os preços dizem tudo aquilo que sabemos e tudo o que não sabemos." (Hayek, Prêmio Nobel de Economia de 1974.) Como não ler nessa frase o mistério da divindade?
[4] Serge Latouche, *L'Economie dévoilée* (A economia sem véus), *Autrement*, novembro de 1995, p. 10.
[5] Michel Aglietta e André Orléan, *La violence de la monnaie* (A violência da moeda), *op. cit.*, p. 135.

E DEUS EM TUDO ISSO?

indiscutivelmente o mercado, sua divindade, aparenta certa distinção: a Razão, o Progresso, a Felicidade, a Democracia e outros candidatos fortemente aceitos na essência eterna estão todos inseridos nela.

O problema das religiões é que elas engendram os fanatismos, as seitas (mencionava-se, com razão, nos salões de Luís XV, a "seita dos fisiocratas", personagens que se distinguiam por sua arrogância e a complexidade de seus discursos), as heterodoxias, os papas, os gurus. A Escola de Chicago é uma seita que se limita a comer capim, mas que é perigosa e convincente, como todas as seitas. Os libertários formam uma seita, apenas mais sectária do que a anterior. Os arquivistas, outra. A sociedade de Mont-Pèlerin é uma seita com seus ritos e suas gravatas enfeitadas com o rosto de um funcionário de alfândega[6]. Os microeconomistas formam uma seita. Os teóricos da economia industrial também uma seita cujo obscurantismo e fanatismo são de fazer correr um frio na espinha. Não é difícil reconhecer o crente sob o *expert* ou o louco de Deus sob o louco da incitação[7].

Há, igualmente, uma forma rígida ou uma forma desenvolta de prática de enganar o próprio mundo e depois confessar-se. Há os pregadores e os convertidos. Os liberais mais fanáticos vêm muitas vezes do marxismo, isto é, simplesmente mudaram de religião. Podemos encontrar abades da corte, os Trissotin, os Père Duval ou os abades Dubois, os Talleyrands que claudicam e os mestres do canto gregoriano das belezas e benesses do mercado. Mas o problema da religião está no fato de ser extremamente difícil, se nela fomos nutridos, pensar fora de seus esquemas.

---

[6] Adam Smith morreu como funcionário da Alfândega.
[7] A "teoria das incitações" é um dos componentes da "economia industrial": é, em termos bem breves, como acenar com uma cenoura para fazer com que o burro ande.

CARTA ABERTA
AOS GURUS DA ECONOMIA QUE NOS JULGAM IMBECIS

A poluição, por exemplo. A questão da poluição é dramática; não pela forma com que se mata, com um golpe de pá mecânica na nuca, os poucos hectares de natureza que conseguiram sobreviver aos ventos pestilenciais e às marés negras, mas devido à nossa incapacidade de pensar na poluição em termos diversos dos econômicos. Com isso o dejeto (que é o inverso da mercadoria, da riqueza, seu negativo) torna-se, em "ciência" econômica, um bem, um produto. E o pensamento econômico é o único que tem o poder de transformar o mal em bem. O dejeto, resíduo de um cálculo custos/vantagens (de um cálculo do lucro), não pode ser, por sua vez, visto apenas como um cálculo custos/vantagens. É isso exatamente o que é trágico. Não há algo além do pensamento econômico ortodoxo, que, assim, se revela totalitarismo. O que caracteriza bem toda e qualquer religião, em que tudo se explica por Deus, da luta de classes ou do cálculo econômico.

Reflitamos um pouco: estética, rigor, propriedade... Essa síndrome Wasp* da economia... Esse culto à virgindade... Não tem algo de contra-reforma, tudo isto? O culto doentio, mórbido, à Virgem Maria foi inventado pela burguesia no século 19. Como não pensar no deus Mercado e na mão invisível do Espírito Santo?

Pareto popularizou, depois de Walras, a expressão *economia pura*. Contra Marx, que nada tinha dessa pureza, ele escreveu *Marxismo e economia pura*. Maurice Allais escreveu *Tratado de eco-*

---

* WASP — White, American, Saxon, Protestant: branco, americano, anglo-saxão, protestante. Fórmula racista dos que buscam distinguir-se, nos EUA, dos afro-americanos (os negros) e dos chicanos (os latino-americanos). (N.T.)

E DEUS EM TUDO ISSO?

nomia pura. Todo o trabalho da ciência econômica moderna consiste em raspar, esfregar, limpar, reescrever, passando a limpo tanto quanto possível, o social. Ou melhor, dando-lhe "transparência". Fora com a diferença entre rico e pobre, com a fila de desempregados, com a periferia e com a máfia na Riviera: de agora em diante, só o cálculo. Paul Samuelson põe Marx em equações (é nitidamente mais rigoroso, mais claro; e tanto pior se assim se assassina e embalsama um pensamento vivo). Quando *Sir* John Hicks (Prêmio Nobel de 1972) elaborou, em 1939, sua obra fundamental, destinada a apunhalar pelas costas Keynes — que era decididamente muito irritante, pois ficava falando sobre a vida dos homens em sociedade (e de que maneira!) —, não pretendeu nada mais, nada menos do que, e aqui cito, "um trabalho de assassino" que o levaria... "à luz nova e penetrante que ilumina toda a cena". Luz nova e penetrante... Só em sonho!

Perdoem-me se passo a citar *economistas acima de qualquer suspeita*: "Esse culto à luz e à pureza chegou a uma verdadeira mariologia econômica, a uma idolatria da virgindade cantada no murmurar das equações. A utilização maníaca da matemática expressa esse amor mariano. A matemática preserva do contato, da carne, do temporal. Estas coisas — a miséria, o desemprego, os PVD, o dinheiro, o luxo — só podem ser obra do demônio, Marx. Não poderia ter engendrado um Walras, que, como o mercado, tem todos os atributos da divindade (princípio e explicação de todas as coisas, ubiqüidade, atemporalidade)..."[8]. Quando o professor Milleron, diretor do Insee, solicita um artigo a cada um de seus pares para desejar feliz aniversário

---
[8] Albin Michel, 1990.

CARTA ABERTA
AOS GURUS DA ECONOMIA QUE NOS JULGAM IMBECIS

a seu colega Malinvaud, ex-diretor do Insee, ele não faz "imposição alguma, a não ser a da forma... Nenhuma exigência, a não ser de propriedade"[9]. Quando ouço a palavra economia, busco minha vassoura e minha escova: limpeza das praias? Do ar? Da água?

A última etapa dessa ciência no vazio, assepsiada, lisoformizada, coube a Gérard Debreu e à sua "Teoria Axiomática do Valor". Sempre a velha história da oferta e da procura, que quanto mais é contada mais se mostra divertida, agora com conjuntos convexos. Depois de Debreu, foi um verdadeiro frenesi. Uma dança de São Guido. A economia levitou. Começou a ir para o alto. *A religião da economia matemática fez naufragarem todas as superstições anteriores.* O triunfo do monoteísmo sobre esses amadores gregos e egípcios. O teorema de Debreu é a quarta prova da existência do deus Walras, acrescentada às provas cosmológica, teleológica e ontológica. Debreu seccionou definitivamente a raiz ricardo-marxista da economia. E elevou-a ao nível de pureza absoluta, ou seja, ao vazio.

Sim, mas temos que tirar o chapéu para Debreu. Porque ele confessou isso. Extraiu todas as conseqüências da matematização da economia. Confessou que sua ciência estava morta e embalsamada. São Gérard Debreu, o Apóstata.

Então, senhores economistas... Por que não voltar às fontes da economia... À questão da distribuição? À questão fundamental proposta por Ricardo? Por que apenas 60% do Produto Nacional Bruto vai, hoje, para salários, em vez da questão de

---

[9] *Mélanges en l'honneur d'Edmond Malinvaud* (Coletânea em homenagem a E. Malinvaud), Paris, Economica, 1988, introdução.

E DEUS EM TUDO ISSO?

70% de menos 20 anos atrás? O que está acontecendo, economistas? Em que se transformou o vírus do capitalismo depois de sua última mutação?

A propósito, senhores economistas... Sobre o que vocês estão falando?

Vocês sabem que, a partir do momento em que compreendemos que a "ciência" econômica é uma religião, a economia torna-se apaixonante? Pode-se abordá-la pelo ângulo da matemática pura — nada mais respeitável do que o prazer puro do pesquisador, que, distanciado de contingências mercantis, produz seus teoremas de matemática —, mas, por favor!, que ele não os batize de leis econômicas! Ou pelo ângulo da história dos fatos, do pensamento, da filosofia econômica, da contabilidade, da estatística descritiva... Ou da retórica — como é divertido, no caso, observar os trabalhos de costura de uns e outros para entretecer na "ciência" sua ideologia com a maior habilidade possível!

A revolução havia cortado o cordão umbilical religioso. É uma nova era que se abre, com o corte do cordão umbilical da religião econômica.

Então, senhores economistas... A respeito de que estão os senhores falando? Do Espírito Santo ou do valor?

18

Que fizeram vocês da casa?

Economia, *oikos nomos*, gestão da casa. Que fizeram vocês com a casa? Que fizeram da casa, vocês, que utilizam a economia para vender seu peixe?

E a respeito de que estão falando?

Mistério da linguagem cheia de propaganda política, tão semelhante à das matracas.

A de vocês é dura. Derruba mais rápido do que qualquer outra. Ela está, aliás, em vias de adquirir o monopólio da matraqueação, em virtude de uma grande lei econômica de enxugamento da concorrência pelos monopólios. Vocês monopolizaram o discurso político. O esperanto econômico, a *nov-língua*, reina sem rival. "As palavras, moedas tiradas de circulação." (Aragon)

Tudo, o esporte, a cultura, a religião, a medicina, a ética, a biologia, o direito, tudo está poluído pela oferta e procura. Em toda parte, a alga letal do custo e da eficácia.

Ricardo colocava a questão da distribuição. Marx, a da exploração. Walras preferiu a do valor e foi nisso seguido por todos os economistas, Pareto, Hicks, Debreu. O valor, afirmam, é algo "subjetivo". E os preços definem o valor. Santo Deus! Que decadência! Reduzir o valor e sua suntuosidade à vulgaridade

CARTA ABERTA
AOS GURUS DA ECONOMIA QUE NOS JULGAM IMBECIS

do preço! "Tudo aquilo que tem preço não tem valor!" (Nietzsche) Pensem nisso, senhores economistas.

O "valor"... Será que vocês de fato sabem o que é o valor? Será que já pensaram no peso que tem essa palavra que utilizam, embora raramente, pois preferem, é verdade, o termo "riqueza". A França cada vez mais rica, empresa produtora de riquezas... Sinceramente, vocês se crêem autorizados a usar a palavra *riqueza*? Será que ignoram que os dejetos, a transformação de florestas em carvão, os subúrbios que cercam as cidades substituindo os campos, o desprendimento de gasolina nos engarrafamentos, a mutação de água em veneno, a ampliação do buraco de ozônio fazem parte dessa "riqueza"? Será que sabem — ora, é claro que sabem — que a mercantilização do ar, da água, dos gases de efeito estufa que os homens respiram são uma criação da "riqueza"? Porque em breve deverá haver um mercado de gás de efeito estufa, com oferta, procura, preços e, portanto, riqueza!

Vocês sabem que, quanto mais a água se torna rarefeita, poluída e, portanto, cara, maior o número de homens que "enriquecem" em seu sistema? Que, quanto mais o mundo fica envenenado, mais alguém fica rico, em simples conseqüência dessa rarefação?

Oh, o milagre da economia política liberal que soube transformar o mal em bem, o dejeto em produto, chamando de branco o que é negro e de riqueza o que não é mais do que miséria!

A propósito... Quem faz a riqueza de sua arrogante indústria de turismo?... Notre-Dame, construída por pobres, ou as entradas das cidades, com monumentos a vocês, Leclerc e Castorama, e também construídas por pobres?

* * *

QUE FIZERAM VOCÊS DA CASA?

Adiante! Custo a crer que, em seus momentos de lucidez, entre duas fatias de carne frigorificada, duas goladas de gasolina e duas horas perdidas correndo para conseguir cinco minutos de tempo ou alguns francos com um artigo alinhavado para um jornal, vocês não reflitam sobre a "riqueza"... Pobre riqueza... No fundo, os economistas do equilíbrio e da *lei da oferta e da procura*, os Walras e os Pareto, ignoram de tal forma a humanidade, que tentaram purificar a economia política, a velha economia de Smith, Malthus, Ricardo e Marx, que sentiram o cheiro de suor do trabalho e o excesso de população, com sua coorte de famintos, de epidemias, de lepras e de guerras. E agora... A epidemia voltou... Qual é sua teoria econômica sobre a Aids, Senhor Gary Becker, Prêmio Nobel de Economia, que acha que tudo que se refere ao homem é econômico? Estou esperando sua explicação "racional" a respeito da contaminação. Em termos de "custos/benefícios". Vamos adiante. A Smith, Malthus, Ricardo e Marx o mau cheiro do *Lumpen* incomodava, era preciso de algum modo eliminá-lo, levar ao *clean*, ao etéreo, ao "científico"... Livrar a ciência de seus miasmas, *the dismal science*, a ciência lúgubre, como se dizia ao se fazer referência aos clássicos ingleses. E à ciência "do diabo", como se dizia a propósito de Marx...

"Se nós pudéssemos, em economia política, deixar de lado essa terminologia danada, do valor, da riqueza, do rendimento, do capital, palavras tão carregadas de vida latente, mas tão corrompidas pelo pecado original."[1] Ah, Dom Miguel, o homem mais inteligente de seu tempo, a quem se lançou, em pleno anfi-

---
[1] Miguel de Unamuno, *L'Essence de l'Espagne* (A Essência da Espanha), Gallimard, "Les Essais", 1967, p. 31.

CARTA ABERTA
AOS GURUS DA ECONOMIA QUE NOS JULGAM IMBECIS

teatro, o sinistro "Viva a morte"... Como você compreendia bem as coisas! É exatamente o que tentaram fazer Walras, Pareto e Debreu: purificar a economia. Limpá-la de toda corrupção humana. Que pode haver de mais limpo, *clean*, rigoroso, equilibrado, do que uma matemática que não se refere à vida dos homens — essa coisa horrorosa! — e sim ao equilíbrio geral?

Então, senhores economistas... Por que não voltar às origens da economia? À questão da distribuição? À questão fundamental proposta por Ricardo? Por que hoje 60% do Produto Nacional Bruto para os salários em vez dos 70% de 20 anos atrás? O que está acontecendo? Será que é preciso dividir meio a meio salários e lucros?

E por que não pensar um pouco? Pensar no que é o vírus do capitalismo depois de sua última mutação? O que é este capitalismo que transformou a luta de classes em luta dos velhos contra os jovens?

E a riqueza, senhores economistas?...
O que é a riqueza, além da água transformada em veneno, da água poluída em que se transformou a água pura, da terra transformada em esterco e do esterco transformado em adubo?

Quem já refletiu sobre as relações entre ética, estética e economia? Ninguém? Não. Keynes. Seu testamento foi a promoção de uma economia colocada em segundo plano, submetida à ética e à estética... Que distância do "relançamento segundo o consumo e a construção de auto-estradas"! Por que não ler Keynes? E Smith? Por que não voltar à ciência econômica como "ciência moral"?

Vocês já pensaram no fato de que uma civilização como a de Veneza era toda ela baseada na beleza, ao passo que a civili-

QUE FIZERAM VOCÊS DA CASA?

zação de vocês, tão poderosa, tem tudo fundado na feiúra? Por que uma construção destinada a abrigar trens é uma maravilha (Orsay) e uma construção destinada a abrigar livros e pensadores é uma abominação? (a Grande Biblioteca), uma cópia malfeita de Sarcelles? Vocês já passaram pela Ponte de Austerlitz? Reparem o sentido do curso do rio, do baixo, Notre-Dame, ao alto, e Bercy, essa torre HLM* alongada, horrorosa... Bercy, alegoria da economia, esta nova religião, contra Notre-Dame, alegoria da antiga religião... Bercy, que progresso e que "riqueza", hein?

Qual é a religião de vocês? A produtividade, a competitividade ou a felicidade?

A respeito de que estão vocês falando? De felicidade? Então digam: "Este ano, segundo o Insee, o aumento de felicidade previsto será de 2,75%. Em dados corrigidos pela inflação, os homens estão 100 vezes mais felizes do que há 150 anos." A seguir, saiam com seus alunos para andar no metrô. Ou pelos subúrbios. Ou pelos sinistros "belos quarteirões", em que os velhos arrastam seu cansaço e a possibilidade de aumento da longevidade.

Mas será que a felicidade é esse aumento da esperança de vida? Então, digam isso. E vão depois passear em um necrotério.

Mas talvez vocês estejam falando a respeito de bem-estar. Então, para pensar e refletir, vão passear em supermercados de material sanitário e de eletrodomésticos em vez de ir ao Louvre. E se costumam receber pessoas em sua casa, antes de servir a carne cheia de anabolizantes, ofereçam-lhes a contemplação de sua cozinha planejada; afinal, vocês levaram tanto tempo para

---

* HLM — atuais conjuntos de apartamentos, de construção de tipo popular, destinados a comunidades de baixa renda. (N.T.)

CARTA ABERTA
AOS GURUS DA ECONOMIA QUE NOS JULGAM IMBECIS

consegui-la! Tantas horas passadas nos engarrafamentos e por trás de uma escrivaninha! Tanto tempo merece ser compensado com todo esse bem-estar, reconheço. Montaigne teria inveja de vocês. Mas, com certeza, vocês não têm mais tempo para ler Montaigne, porque passam a vida tendo que ganhar tempo.

E se a questão que deveríamos passar a propor aos economistas fosse: "O que é a riqueza e como distribuí-la?"

Mas talvez sua religião seja o crescimento. Aumentar cada vez mais. Porém, mais o quê? Mais programas de informática para descerebrar? O tempo perdido ganhando a vida?

Que fizeram vocês da casa, senhores economistas, vocês que estavam encarregados de ajudar a administrá-la? Em que se transformou essa casa? Será que vocês têm orgulho dessa façanha? Será que conhecem todas as peças e recantos desta morada? Ou será que lhes basta acumular andares em cima de andares?

Por que não pensam mais, senhores economistas? Por que entregaram a casa aos ladrões e aos que marcam o preço das mercadorias?

Ou será que estão dentro da casa no exato momento em que outros, em seu nome, a saqueiam?

Epílogo
Para que servem os economistas?

Se a economia é a ciência do mercado, eles não servem para nada. O que já sabíamos há muito tempo (desde Keynes) e estamos confirmando graças ao mais ortodoxo dos ortodoxos (Debreu).

Se a economia é uma ciência que prediz o futuro, então o maior de todos os economistas é *Madame* Soleil.

Se a economia é a ciência que só sbe falar sobre "confiança", então Freud é o maior de todos os economistas. Se a economia só sabe mencionar "transparência", então os maiores economistas são os contadores, os policiais, os fiscais da Alfândega e os juízes.

Se a economia é uma religião, então Camdessus é o Sumo Sacerdote, mas o melhor economista continuará sendo João Paulo II.

Se a economia não passa de uma sucessão de imagens de cinema e palavrório, há um bom número de jornalistas que podem candidatar-se à Palma de Ouro.

CARTA ABERTA
AOS GURUS DA ECONOMIA QUE NOS JULGAM IMBECIS

Toda atividade tem uma utilidade social. Até os parasitas têm utilidade: eles permitem dar realce às pessoas ditas "úteis". Assim como não há coisas "nocivas" em ecologia — a não ser nas cabeças ocas dos caçadores —, é raro que não se possa associar uma utilidade a uma parte do corpo social. A parábola de Saint-Simon — que demonstrava que a riqueza da França não se alteraria se fosse suprimido um grande número de preguiçosos, de gente que escreve e outros — é discutível, tanto quanto a inutilidade do grego antigo e da música que se ensina na universidade. Então... Qual a utilidade dos casuístas do utilitarismo?

Indiscutivelmente, os *experts*, os negociantes do palavrório econômico têm uma função: a de exorcizar o futuro. Em um mundo sem religiões, eles têm a mesma função que os gurus e os dirigentes de seitas — e inúmeros deles acumulam as duas funções. Desempenham também o papel de *griots*, de xamãs, ou de feiticeiros das tribos indígenas, que falam seguidamente para evitar que o céu lhes caia sobre as cabeças. São infatigáveis contadores de histórias das sociedades irracionais, crédulas, analfabetas de escritura, não de cultura, mas, sem dúvida, mais tranqüilas do que as nossas.

Mas e os descendentes de Smith, Marx e Keynes? Será que estão condenados ao papel de feiticeiros, de sumos sacerdotes ou de gurus?

É evidente que não. Eles podem denunciar os que ficam vendendo seu peixe, falar sobre a ciência econômica, ciência humana e não ciência rígida, interrogar a História, as civilizações, refletir sobre o valor e sobre a riqueza. Podem denunciar a eficácia e a produtividade — ou, simplesmente, deixá-las entregues aos administradores de empresa, já que eles são pagos para isso! — e voltar-se para a psicologia, para a sociologia, para a his-

EPÍLOGO

tória, para a filosofia. Refletir sobre o trabalho. O tempo. Sobre o dinheiro. Em suma, voltar-se para Smith, Keynes e Marx.

Podem também nivelar-se por baixo e vender sua bela ciência pelas lentilhas da *expertise*, contentar-se com o papel de bufões dos quais se ri na cara duas vezes por ano no momento das projeções de crescimento e todos os dias quando a máfia russa recicla os dólares que, com toda uma falsa candura, lhe foram emprestados.

Mas que não venham, no caso, falar-nos em "fuga para a qualidade" ou em "correção técnica": que ponham seu chapéu pontudo, quidem um nariz vermelho, abanem as orelhas e se façam cócegas debaixo dos braços.

Para que serviam os economistas, irão então perguntar daqui a 100 anos. Para fazer rir.

Impresso no Brasil pelo
Sistema Cameron da Divisão Gráfica da
DISTRIBUIDORA RECORD DE SERVIÇOS DE IMPRENSA S.A.
Rua Argentina 171 – Rio de Janeiro, RJ – 20921-380 – Tel.: 585-2000